Jg. 8, H. 2, 2008

NAVI
GATIONEN
Zeitschrift für Medien- und Kulturwissenschaften

Annegret März / Daniel Müller (Hrsg.)
Internet: Öffentlichkeit(en) im Umbruch

Zeitschrift für Medien- und Kulturwissenschaften

IMPRESSUM

HERAUSGEBER:
Peter Gendolla
Sprecher des Kulturwissenschaftlichen
Forschungskollegs 615 „Medienumbrüche"

WISSENSCHAFTLICHER BEIRAT:
Knut Hickethier, Klaus Kreimeier,
Rainer Leschke, Joachim Paech

REDAKTION:
Nicola Glaubitz, Christoph Meibom,
Georg Rademacher

UMSCHLAGGESTALTUNG UND
LAYOUT:
Christoph Meibom, Susanne Pütz

TITELBILD:
Georg Rademacher

DRUCK:
Majuskel Medienproduktion, Wetzlar

REDAKTIONSADRESSE:
Universität Siegen
SFB/FK 615 „Medienumbrüche"
57068 Siegen
Tel.: 0271/740 49 32
Info@fk615.uni-siegen.de

Schüren Verlag GmbH
Universitätsstraße 55
35037 Marburg

Erscheinungsweise zweimal jährlich

Preis des Einzelheftes: € 13,-
Preis des Doppelheftes: € 22,-
Jahresabonnement: € 20,-
Jahresabonnement
für Studierende: € 14,-

ISSN 1619-1641
ISBN 978-3-89472-550-1

Diese Arbeit ist im Kulturwissenschaftlichen Forschungskolleg 615 der Universität Siegen entstanden und wurde auf seine Veranlassung unter Verwendung der von der Deutschen Forschungsgemeinschaft zur Verfügung gestellten Mittel gedruckt.

Annegret März / Daniel Müller (Hrsg.)

INTERNET: ÖFFENTLICHKEIT(EN) IM UMBRUCH

SCHÜREN

Die Deutsche Bibliothek – CIP-Einheitsaufnahme
Die deutsche Bibliothek verzeichnet diese Publikation in der deutschen
Nationalbibliographie; detaillierte bibliografische Daten sind im Internet unter
http://dnb.ddb.de abrufbar.

INHALT

Daniel Müller und Annegret März
  Öffentlichkeit(en) und Internet.
  Umbruch in der politischen Kommunikation?... 7

Horst Pöttker
  Öffentlichkeit im Wandel. Wie das Internet die gesellschaftliche
  Kommunikation verändert... 15

Johanna Niesyto
  Europäische Öffentlichkeit im Internet... 27

Kristina Enders, Verena Reuter und Sandra Stahl
  Unbeschränkte Öffentlichkeit? Einflüsse und Barrieren bei
  der Nutzung und Produktion von Webinhalten.. 49

Annegret März
  Von der Straße ins Netz und zurück. *Culture Jamming* als Medien-
  und Konzernkritik in Protestkampagnen.. 73

Esra Küçük, Hannes Kunstreich und Christian Strippel
  Explorative Studie: WebMigration. Wie deutsch-türkische
  Meinungsführer das Internet für sich gewinnen... 93

Daniel Müller
  Lunatic Fringe Goes Mainstream? Keine *Gatekeeping*-Macht für Niemand,
  dafür *Hate Speech* für Alle – zum Islamhasser-Blog *Politically Incorrect* 109

Harald Bader
  Zur Krise der Kommunikations*www*issenschaft. Ein Zwischenruf.............. 127

Fokus Medienumbrüche

Brian Winston
  Hula Hoop or Contraceptive Pill? Misunderstanding the Nature
  of the Social Impact of Technology.. 139

AUTORINNEN UND AUTOREN 151

ÖFFENTLICHKEIT(EN) UND INTERNET
Umbruch in der politischen Kommunikation?

VON DANIEL MÜLLER UND ANNEGRET MÄRZ

Öffentlichkeit gilt allgemein als konstitutiv für die demokratische Gesellschaft und den Rechtsstaat. Daher findet dieser Begriff starke Beachtung in vielen Disziplinen, vor allem in der Soziologie, Politik- und Rechtswissenschaft, aber auch in der Kommunikations- und Medienwissenschaft. Die Verwendung des Begriffs ist dabei jedoch diffus, ja vielfach widersprüchlich, sodass Joachim Westerbarkey sich 1994 zu einem Versuch veranlasst sah, Öffentlichkeit als „eine Alltagskategorie kommunikationstheoretisch zu rehabilitieren"[1].

Dabei ist der Eindruck von Unschärfe und Widersprüchlichkeit keineswegs nur dem Alltagsgebrauch und somit einem vermeintlichen Theoriedefizit zuzuschreiben. Schon zahlreiche „Klassiker" der Philosophie und der Sozialwissenschaften haben sich mit dem Begriff und dem Phänomen Öffentlichkeit befasst,[2] und es gibt mehrere ausgefeilte theoretische Ansätze, die sich jedoch schwer systematisieren und – trotz vieler Gemeinsamkeiten – auch schwer vereinbaren lassen.[3] Die Komplexität wird noch weiter gesteigert durch den siamesischen Zwilling *öffentliche Meinung*, z.T. noch ergänzt durch weitere eng angelehnte Begriffe wie *öffentliche Kommunikation*, von der *öffentlichen Aufgabe* bzw. dem *öffentlichen Interesse* der (Medien-)Rechtswissenschaft ganz zu schweigen.[4]

So findet sich Öffentlichkeit mal ohne Artikel (als „Prinzip Öffentlichkeit"), mal mit als „*die* Öffentlichkeit", zunehmend pluralisiert als „Öffentlichkeiten" und in Wortzusammensetzungen oder durch Zusätze ergänzt, etwa als bürgerliche, plebejische, proletarische Öffentlichkeit(en). Ähnlich ist von der groß geschriebenen „Öffentlichen" die klein geschriebene „öffentliche" (schon bei Ferdinand Tönnies[5]) und erst recht die meist sehr klein geschriebene „veröffentlichte" Meinung zu unterscheiden – beides auch wieder bei Bedarf in den Plural zu setzen. *Öffentliche Meinung* ist dabei heute vor allem Gegenstand der Demoskopie, also der Meinungsumfragen. *Öffentlichkeitsarbeit* (Public Relations) wiederum befasst sich damit, diese öffentliche Meinung im Interesse bestimmter Akteure – nicht unbedingt im „öffentlichen Interesse" – zu beeinflussen.

---

1 Westerbarkey: „Öffentlichkeit als Funktion und Vorstellung".

2 Vgl. an neueren Darstellungen bzw. Editionen von „Klassiker"-Aussagen zur Öffentlichkeit z.B. Hohendahl: Öffentlichkeit; Liesegang: Öffentlichkeit und öffentliche Meinung; Pöttker: Öffentlichkeit als gesellschaftlicher Auftrag.

3 Die wohl beste konzise Systematisierung bietet Imhof: „Öffentlichkeitstheorien".

4 Vgl. z.B. – nebeneinander – Pfetsch/Bossert: „Öffentliche Kommunikation" und „Öffentliche Meinung"; sowie Pöttker: „Öffentlichkeit."

5 Tönnies: Kritik der öffentlichen Meinung.

Hilfreich ist die Unterscheidung von *Publicness* und *Public Sphere*, wie sie z.B. Splichal[6] vornimmt und die auch bei Pöttker in diesem Heft wiederkehrt, als Unterscheidung zwischen einem Prinzip Öffentlichkeit (*Publicness* = Öffentlichkeit ohne Artikel) und einem sozialen Raum oder Gebilde, einer Menschengruppe usw. (*Public Sphere* = Öffentlichkeit mit Artikel, ggf. im Plural und mit Zusätzen).

In der Forschung, auch der internationalen, absolut dominant ist dabei das Verständnis als „öffentliche Sphäre(n)" (so oft die Rückübersetzung), das sich immer wieder auf die Frankfurter Schule bezieht, namentlich auf Jürgen Habermas und besonders auf seine Marburger Habilitationsschrift *Strukturwandel der Öffentlichkeit*.[7] Im deutschsprachigen Raum ist es heute wohl die systemtheoretische Ausdeutung des Begriffs durch Jürgen Gerhards und Friedhelm Neidhardt, die besonders weit verbreitet ist.[8]

Unabhängig von allen Unterschieden gibt es einige weitgehende Gemeinsamkeiten im normativen Anspruch an Öffentlichkeit, vor allem an *politische* Öffentlichkeit im engeren Sinne. So wird ihr vielfach eine doppelte Funktion zugeschrieben, nämlich das Herstellen von Transparenz – von oben nach unten – einerseits und Kritik bzw. Kontrolle – von unten nach oben – andererseits. Damit sie diese Doppelfunktion ausfüllen kann, werden von der Öffentlichkeit wiederum drei Eigenschaften gefordert, die sich quasi auf Eingang, Innenlauf und Ausgang beziehen: 1. freier Zugang (*Access*); 2. Diskursivität, argumentative Qualität der Diskussion selbst; und 3. Wirksamkeit der Kritik- und Kontrollfunktion.

Dieser normativ-theoretische Anspruch scheint gerade in der neueren Forschung vielfach merkwürdig wenig verknüpft mit der Analyse konkreter gesellschaftlicher Öffentlichkeit(en): Was die Öffentlichkeit leisten soll, ist noch vergleichsweise klar, weniger klar scheint, inwieweit sie es jeweils tatsächlich leistet bzw. wie sich das überhaupt methodisch fassen und untersuchen lässt.

Im Zeitalter vor der massenhaften Durchsetzung des Internets, für die man in der westlichen Welt vereinfachend etwa die Jahre 1995/2000 ansetzen kann, war offensichtlich die Rolle der klassischen Massenmedien (Kommunikation *One to Many*) entscheidend für das Herstellen von Öffentlichkeit bzw. das Erreichen von Öffentlichkeit(en). Hier setzt auch unmittelbar Kritik ein: Stehen die Massenmedien der Vor-Internet-Zeit – die im Übrigen ja auch im Internetzeitalter weiterexistieren – tatsächlich jedem Individuum bzw. Standpunkt offen? Tatsächlich wird sich dies wohl mit gutem Grund auch für demokratische Gesellschaften bestreiten lassen, für die Vergangenheit wie für die Gegenwart. Nicht umsonst wird in man-

---

6   Splichal: „In Search of a Strong European Public Sphere".

7   Habermas: Strukturwandel der Öffentlichkeit; zur internationalen Rezeption vgl. Habermas: The Structural Transformation of the Public Sphere; Calhoun: Habermas and the Public Sphere; Crossley/Roberts: After Habermas; Marcinkowski: „Public Sphere"; Wodak/Koller: Handbook of Communication in the Public Sphere. Für die Gegenöffentlichkeit (*Counter-Public Sphere*) spielt eine ähnliche Rolle als Ankerpunkt Negt/Kluge: Öffentlichkeit und Erfahrung; vgl. auch Negt/Kluge: Public Sphere and Experience.

8   Vgl. z.B. Gerhards/Neidhardt: „Strukturen und Funktionen moderner Öffentlichkeit".

chen Modellen – mitunter wohl etwas euphemistisch – die vermittelnde Rolle von „Öffentlichkeits*sprechern*" betont bzw. von der Repräsentanz von „relevanten" Positionen oder (fast schon im Jargon der DDR-„Einheitsliste der Nationalen Front") von „gesellschaftlichen Gruppen" gesprochen, worunter man sich im bundesdeutschen Korporatismus wohl den vereinstümelnd-biedermeierlichen Proporz der Rundfunkräte vorstellen darf, der von Repräsentativität heute im Zuge ständig nachlassender Bindekraft der hier angeblich allein maßgeblichen Gruppen weiter entfernt scheint denn je. Tatsächlich sind es vielfach doch wohl Themen und Standpunkte von Eliten, Medienprofis bzw. „ressourcenstarken Akteuren", die den Weg in die Massenmedien finden. Dagegen werden Gegenstandpunkte, auch solche, die gemäß der aggregierten Individualmeinungen der Bevölkerung, also der „öffentlichen Meinung" der Demoskopie, theoretisch stärker sein müssten, vielfach stark untergewichtet oder ganz ausgeblendet.[9] Ähnlich lassen sich auch die ja auf der Zugangsoffenheit der Massenmedien aufbauende Diskursivität und die Wirksamkeit der Kritik- und Kontrollfunktion wohl – auch fundamental – in Frage stellen.

Dementsprechend löste der Internet-Durchbruch gerade in Hinsicht auf die Zugangsoffenheit die größte Euphorie aus, denn wie das Internet die eindeutige Unterscheidung zwischen Massen- und Individualkommunikation relativiert, so beseitigt es auch für eine große Zahl von Menschen – Medienkonsumenten – Barrieren, die sie bisher selbst bei entsprechendem Interesse faktisch daran hinderten, als Medienmacher aufzutreten. Neben die alten Medienprofis treten damit Medienamateure, aber auch neue Medienprofis, die bisher keinen Zugang zu Medienberufen und damit zur Öffentlichkeit fanden. Die naiven Utopien der Brechtschen „Radiotheorie" und des Enzensbergerschen „Baukastens"[10] sowie die mitunter kümmerlichen Sandkastenspielereien der „Offenen Kanäle" und sonstiger „Bürgermedien" erleben so durch die neuen Techniken ein erstaunliches Comeback. Und auch der Begriff Öffentlichkeit, bei Westerbarkey „rehabilitierungsbedürftig", erfährt so durch das Internet eine „gewisse Renaissance" (so vorsichtig Reinhold Viehoff[11]). Tatsächlich scheint der Forschungsgegenstand „Internet und Öffentlichkeit" heute nahe ans Zentrum der Kommunikations- wie auch der Politikwissenschaft gerückt.[12]

---

9 Dies ist keine neue Erkenntnis, sondern entspricht in mancher Hinsicht dem Theorem der „Schweigespirale", vgl. z.B. Noelle-Neumann: Die Schweigespirale; Scherer: Massenmedien, Meinungsklima und Einstellung. Noelle-Neumann und ihre Schule betonen denn auch *nicht* die Theorie vom „Zugang für Alle".

10 Vgl. Schwering: „Datenlage und Theorie".

11 Viehoff: „Öffentlichkeit".

12 Aus der Fülle der einschlägigen Literatur seien herausgegriffen Jarren: „Politische Öffentlichkeit und politische Kommunikation durch Internet?"; Leggewie/Maar: Internet & Politik; Bieber: Politische Projekte im Internet; Plake u.a.: Öffentlichkeit und Gegenöffentlichkeit im Internet; Faulstich/Hickethier: Öffentlichkeit im Wandel; Liechtenstein: Internet und Öffentlichkeit; Rolke/Wolff: Der Kampf um die Öffentlichkeit; Brants: „The In-

Freilich ist dem ursprünglich vorherrschenden Cyberoptimismus schon früh ein Cyberpessimismus zur Seite getreten. Der Euphorie wurde entgegengehalten, dass die neuen technischen Möglichkeiten nicht notwendigerweise (deterministisch) sozialen Umbruch auslösen, schon gar nicht immer in der gedachten Richtung: So wurde z.T. beobachtet, dass ressourcenstarke Akteure im Netz auch relativ[13] noch stärker wurden. Über die Zurückweisung früher Heilserwartungen hinaus wurden zunehmend ausgesprochen negative Diagnosen geäußert, wobei als verwandte Hauptkritikpunkte erscheinen: die Dispersion des Publikums, der Verlust der Integrationsfunktion der Massenmedien und letztlich damit die Verminderung der *Public Sphere*; die Ausrichtung der Angebote auf immer homogenere Zielgruppen, die ihre Mediennutzung auf möglichst verstärkende Inhalte reduzieren[14] und im engeren Sinne *politische* Inhalte oft überhaupt meiden; und die Überflutung mit Medienangeboten zudem zweifelhafter oder ausgesprochen geringer Qualität.[15]

Peter Dahlgren hat schon vor einigen Jahren angemahnt und zugleich erwartet, dass die Forschung sich von der Frage „Ist das Internet gut oder schlecht (böse)?" lösen und sich konkreteren Einzelfragen und Aspekten zuwenden muss und wird.[16] In diesem Sinne versammelt das vorliegende Heft der *Navigationen* Beiträge mit spezifischen theoretischen wie empirischen Fragestellungen.

Horst Pöttkers Beitrag eröffnet diese Ausgabe mit einer zusammenfassenden Betrachtung über den Wandel von Öffentlichkeit im Internetzeitalter. Nach einer Darstellung der grundlegenden Voraussetzungen für die Herstellung von Öffentlichkeit verhandelt der Autor die Spezifika von Internet-Öffentlichkeit sowie deren Chancen und Risiken zwischen Pluralisierung und Segmentierung. Johanna Niesyto nähert sich anschließend kritisch der seit einigen Jahren intensiv diskutierten Frage nach einer möglichen Europäisierung von Öffentlichkeit. Der Beitrag zeigt auf, welche Potenziale eine europäische Internet-Öffentlichkeit im Hinblick auf die Zugangs- und Partizipationschancen, auf eine kritische Öffentlichkeit sowie auf die Einbindung in europäische Politik bieten kann. Kristina Enders, Verena Reuter und Sandra Stahl untersuchen Einflüsse und Barrieren bei der Nutzung und Produktion von Webinhalten und richten ihren Blick vor allem auf die Hürden, die

---

ternet and the Public Sphere"; vgl. auch die im Beitrag von Niesyto in diesem Heft genannte neuere Literatur.

13 *Absolut* gesehen wurden natürlich sehr viele Akteure „stärker". In einem stark expandierenden Umfeld kann aber moderates Wachstum (relativen) Rückschritt bedeuten.

14 Dies ist auch eine Folge des *Hostile Media Effect* (= subjektive Wahrnehmung, dass der eigene Standpunkt in allen außer den im eigenen Sinne parteiischsten Medien schlecht wegkommt). Die neue Angebotsflut erleichtert es, entsprechende Strategien zur Vermeidung der vermeintlich feindseligen Ansichten umzusetzen.

15 Vgl. zu entsprechenden angeregten Debatten in den USA und Deutschland exemplarisch Horvitt: „If Everyone's Talking, Who Will Listen?" und die Titelstory im *Spiegel*: „Macht das Internet Doof?".

16 Dahlgren: „The Internet, Public Spheres, and Political Communication".

sich den modernen „Prosumenten" (Produzenten *und* Konsumenten) bei der Herstellung von Öffentlichkeit im „Web 2.0" in den Weg stellen.

Der Beitrag von Annegret März beschäftigt sich mit dem Einsatz von Techniken des *Culture Jamming* in konzernkritischen Kampagnen. Die Idee der „Rückeroberung der Zeichen" durch das subversive Spiel mit Medien und Öffentlichkeit wird immer stärker auch von politischen Aktivisten aufgenommen und auf unterschiedliche Weise in ihre Protestaktivitäten eingebunden. Esra Küçük, Hannes Kunstreich und Christian Strippel stellen ihre Studie zum Thema „Web-Migration" vor: Das Projekt an der Westfälischen Wilhelms-Universität Münster untersucht die Rolle des Internets bei der politischen Meinungsbildung türkischer Migranten in Deutschland. Nach der Erörterung des Prinzips der Meinungsführerschaft stellt der Beitrag Ergebnisse einer Untersuchung ausgewählter deutsch-türkischer Weblogs vor. Daniel Müller befasst sich anschließend mit den ambivalenten Konsequenzen des wohl unbestrittenen Bedeutungsverlusts von (u.a. journalistischen) *Gatekeeping*-Mechanismen im Internetzeitalter, zunächst allgemein, dann konkret am Beispiel des sehr erfolgreichen, aggressiv gegen Muslime gerichtete Volksverhetzung betreibenden deutschsprachigen Web-Angebots *Politically Incorrect (PI)*.

Abschließend konstatiert Harald Bader eine „Krise der Kommunikations*ww*wissenschaft" – d.h. der dem Internet-Hype erliegenden Kommunikationswissenschaft – auf den Ebenen der Konzepte, Gegenstände und Fachöffentlichkeiten. Bader plädiert für eine Neuausrichtung der Kommunikationswissenschaft, die sich vor dem Hintergrund des neuen Forschungsgegenstandes Internet wieder stärker der Untersuchung grundsätzlicher Entwicklungen, der Begriffsbildung und der Kanonisierung zuwenden solle.

Passend zum Thema des Hefts verwahrt sich Brian Winston in der Rubrik „Fokus Medienumbrüche" mit seinem Beitrag „Hula Hoop or Contraceptive Pill?" am Beispiel des Internets gegen eine technikdeterministische Sicht auf sozialen Wandel.

LITERATURVERZEICHNIS

Bieber, Christoph: Politische Projekte im Internet. Online-Kommunikation und politische Öffentlichkeit, Frankfurt a.M. u.a. 1999.

Brants, Kees: „The Internet and the Public Sphere", in: Political Communication, Jg. 22, Nr. 2, 2005, S. 143-146.

Calhoun, Craig J. (Hrsg.): Habermas and the Public Sphere, Cambridge, MA 1992.

Crossley, Nick/Roberts, John Michael: After Habermas: New Perspectives on the Public Sphere, Oxford/Malden, MA 2004.

Dahlgren, Peter: „The Internet, Public Spheres, and Political Communication: Dispersion and Deliberation", in: Political Communication, Jg. 22, Nr. 2, 2005, S. 147-162.

Faulstich, Werner/Hickethier, Knut (Hrsg.): Öffentlichkeit im Wandel. Neue Beiträge zur Begriffsklärung, Bardowick 2000.

Gerhards, Jürgen/Neidhardt, Friedhelm: „Strukturen und Funktionen moderner Öffentlichkeit: Fragestellungen und Ansätze", in: Müller-Doohm, Stefan/Neumann-Braun, Klaus (Hrsg.): Öffentlichkeit – Kultur – Massenkommunikation. Beiträge zur Medien- und Kommunikationssoziologie, Oldenburg 1991, S. 31-89.

Habermas, Jürgen: The Structural Transformation of the Public Sphere: An Inquiry Into a Category of Bourgeois Society [1962], Cambridge, MA 1989.

Habermas, Jürgen: Strukturwandel der Öffentlichkeit. Untersuchungen zu einer Kategorie der bürgerlichen Gesellschaft, Neuwied/Berlin 1962.

Hohendahl, Peter Uwe (Hrsg.): Öffentlichkeit – Geschichte eines kritischen Begriffs, Stuttgart/Weimar 2000.

Horvitt, Dusty: „If Everyone's Talking, Who Will Listen?", in: The Washington Post, 24.08.2008.

Imhof, Kurt: „Öffentlichkeitstheorien", in: Bentele, Günter u.a. (Hrsg.): Öffentliche Kommunikation. Handbuch Kommunikations- und Medienwissenschaft, Wiesbaden 2003, S. 193-209.

Jarren, Otfried: „Politische Öffentlichkeit und politische Kommunikation durch Internet?", in: Medienwissenschaft Schweiz, Nr. 20, 1997, S. 28-37.

Leggewie, Claus/Maar, Christa (Hrsg.): Internet & Politik. Von der Zuschauer- zur Beteiligungsdemokratie?, Köln 1998.

Liechtenstein, Alfred von (Hrsg.): Internet und Öffentlichkeit, Wien 2002.

Liesegang, Torsten: Öffentlichkeit und öffentliche Meinung. Theorien von Kant bis Marx (1780-1850), Würzburg 2004.

„Macht das Internet Doof?", in: Der Spiegel, Nr. 33, 2008.

Marcinkowski, Frank: „Public Sphere", in: Donsbach, Wolfgang (Hrsg.): The International Encyclopedia of Communication. Band IX, Malden, MA u.a. 2008, S. 4041-4045.

Negt, Oskar/Kluge, Alexander: Public Sphere and Experience: Toward an Analysis of the Bourgeois and Proletarian Public Sphere [1972], Minneapolis, MN 1993.

Negt, Oskar/Kluge, Alexander: Öffentlichkeit und Erfahrung. Zur Organisationsanalyse von bürgerlicher und proletarischer Öffentlichkeit, Frankfurt a.M. 1972.

Noelle-Neumann, Elisabeth: Die Schweigespirale. Öffentliche Meinung – unsere soziale Haut, München/Zürich 1980.

Pfetsch, Barbara/Bossert, Regina: „Öffentliche Kommunikation", in: Bentele, Günter u.a. (Hrsg.): Lexikon Kommunikations- und Medienwissenschaft, Wiesbaden 2006, S. 203-204.

Pfetsch, Barbara/Bossert, Regina: „Öffentliche Meinung", in: Bentele, Günter u.a. (Hrsg.): Lexikon Kommunikations- und Medienwissenschaft, Wiesbaden 2006, S. 204-205.

Pöttker, Horst: „Öffentlichkeit", in: Bentele, Günter u.a. (Hrsg.): Lexikon Kommunikations- und Medienwissenschaft, Wiesbaden 2006, S. 205-206.

Pöttker, Horst (Hrsg.): Öffentlichkeit als gesellschaftlicher Auftrag. Klassiker der Sozialwissenschaften über Journalismus und Medien, Konstanz 2001.

Rolke, Lothar/Wolff, Volker (Hrsg.): Der Kampf um die Öffentlichkeit. Wie das Internet die Macht zwischen Medien, Unternehmen und Verbrauchern neu verteilt, Neuwied/Kriftel 2002.

Scherer, Helmut: Massenmedien, Meinungsklima und Einstellung. Eine Untersuchung zur Theorie der Schweigespirale, Opladen 1990.

Schwering, Gregor: „Datenlage und Theorie: Brechts und Enzensbergers Modelle. Stichworte zu einer Re-Lektüre der Radiotheorie und des Baukastens", in: Navigationen, „Mediendynamik", hrsg. von Gebhard Rusch u.a., Jg. 7, Nr. 1, 2007, S. 95-119.

Splichal, Slavko: „In Search of a Strong European Public Sphere: Some Critical Observations on Conceptualizations of Publicness and the (European) Public Sphere", in: Media, Culture & Society, Jg. 28, Nr. 5, S. 695-714.

Tönnies, Ferdinand: Kritik der öffentlichen Meinung, Berlin 1922.

Viehoff, Reinhold: „Öffentlichkeit", in: Schanze, Helmut (Hrsg.): Metzler-Lexikon Medientheorie-Medienwissenschaft: Ansätze – Personen – Grundbegriffe, Stuttgart u.a. 2002, S. 282-283.

Westerbarkey, Joachim: „Öffentlichkeit als Funktion und Vorstellung. Der Versuch, eine Alltagskategorie kommunikationstheoretisch zu rehabilitieren", in: Wunden, Wolfgang (Hrsg.): Beiträge zur Medienethik, Bd. 2: Öffentlichkeit und Kommunikationskultur, Hamburg/Stuttgart 1994, S. 53-64.

Wodak, Ruth/Koller, Veronika (Hrsg.): Handbook of Communication in the Public Sphere, Berlin/New York 2008.

ÖFFENTLICHKEIT IM WANDEL

Wie das Internet die gesellschaftliche Kommunikation verändert

VON HORST PÖTTKER

Dass im Titel dieses Aufsatzes von Wandel und nicht von Umbruch die Rede ist, beruht auf Absicht, der eine Überlegung zu Grunde liegt. Der Begriff Öffentlichkeit, wie man ihn auch definieren mag, zielt in allen denkbaren Varianten auf die Sphäre der gesellschaftlichen Kommunikation. Wo aber Kommunikation im Spiel ist, das heißt: Verständigung mit Hilfe von Zeichen, die miteinander Kommunizierende verstehen können, weil sie ihnen eine ähnliche Bedeutung zuschreiben, ist abrupter Umbruch nicht möglich, nur sukzessiver Wandel. Denn die Verstehbarkeit von Zeichen beruht auf Konventionen, die nicht von heute auf morgen ihre Geltung verlieren (können). Im Zeichensystem Sprache etwa würde Umbruch Abbruch der Kommunikation bedeuten. Wer in eine fremde Sprachgemeinschaft gerät, muss sich zunächst dem sukzessiven Prozess des Spracherwerbs unterziehen, um kommunikationsfähig zu werden. Das bedeutet auf der individuellen Ebene Wandel, nicht Umbruch.

Anders verhält es sich mit materiellen – natürlichen, technischen, organisatorischen, ökonomischen – Grundlagen, auf denen Informations- und Verständigungsprozesse sich vollziehen. In dieser Sphäre der *medialen Bedingungen* von Kommunikation ist *Umbruch* durchaus möglich und tatsächlich häufig anzutreffen. Wir können genau datieren, wann Johannes Gutenberg seine Druckerpresse in Betrieb genommen hat, ab wann den Zeitungen elektrische Telegrafenverbindungen zur Verfügung standen oder in welchem Moment Radio und Fernsehen Programme auszustrahlen begannen, und jede(r) kann sagen, wann er sich seinen bzw. ihren ersten PC gekauft oder Zugang zum Internet verschafft hat.

Kommunikationsprozesse werden nicht nur, aber auch durch ihre *medialen Bedingungen* geprägt. Gutenbergs Erfindung hat jene Ausweitung und Intensivierung der gesellschaftlichen Kommunikation möglich gemacht, die wir Öffentlichkeit nennen. Und die elektronischen Medien Radio und Fernsehen lassen die Gleichzeitigkeit der Berichterstattung tatsächlich zu, die auch in Printmedien zum Charakter des Genres Reportage gehört und die unter den dortigen Bedingungen nur fiktional realisiert werden kann. Medienwelten haben Folgen für die Kommunikationsprozesse, die sich unter ihren Bedingungen vollziehen.

Abrupte *Medienumbrüche* bewirken auf der Ebene der Kommunikationsprozesse sukzessiven *Wandel*. Gegenstand der folgenden Überlegungen ist der Wandel, den ein bestimmter Medienumbruch, nämlich die technologische, ökonomische und organisatorische Implementierung des *Internets*, im Bereich jenes Modus der gesellschaftlichen Kommunikation auslöst, den wir *Öffentlichkeit* nennen. Dafür muss zunächst erläutert werden, was unter „Öffentlichkeit" verstanden werden soll.

I WAS IST ÖFFENTLICHKEIT – PRINZIP ODER GEBILDE?

Was ist unter Öffentlichkeit zu verstehen? Kaum ein anderer Begriff ist so komplex. Für den deutschen Ausdruck „Öffentlichkeit" stehen im Englischen etliche Vokabeln zur Verfügung: „public", „public sphere", „public opinion", „public discourse", „publicity", „publicness" usw. Übersetzer eines Textes aus dem Deutschen ins Englische kommen selten an allen Stellen mit derselben englischen Vokabel aus, woran sich zeigt, dass der Ausdruck auch im Deutschen je nach Kontext unterschiedliche Bedeutungen haben kann.

Von staatsrechtlich oder systemtheoretisch inspirierten Theorien wird *die* Öffentlichkeit gern in den Rang einer Art Verfassungsinstitution, einer politischen „vierten Gewalt" als Gegengewicht zu Legislative, Exekutive und Judikative erhoben[1]. Gegenüber dieser Auffassung kommt bereits Skepsis auf, wenn man die Geschichte des Wortes zurückverfolgt. Lange war nämlich nur das Adjektiv *öffentlich* gebräuchlich. Wenn bis zur Mitte des 20. Jahrhunderts von Öffentlichkeit gesprochen wurde, dann meist im Sinne eines Synonyms des älteren Wortes *Publizität*. Liest man Texte aus der Frühzeit der bürgerlichen Epoche, etwa Daniel Defoes Reflexionen über Pressefreiheit und ihre Grenzen vom Anfang des 18. Jahrhunderts, dann tritt einem eine zutiefst *negative*, nur über die Verneinung ihres Gegenteils bestimmbare Vorstellung von Öffentlichkeit entgegen. Entscheidend ist dabei die Eigenschaft *offen*. Öffentlichkeit meint ursprünglich die *Abwesenheit* von Abkapselungen, Blockierungen, Barrieren von Information und Kommunikation. Was öffentlich ist, ist der Wahrnehmung jedes Menschen zugänglich. Öffentlichkeit in der ursprünglichen Bedeutung ist das von diesem Adjektiv abgeleitete Substantiv. Ähnlich wie der freie Markt keine Institution ist, kein Gebilde, sondern ein *Strukturprinzip* des wirtschaftlichen Handelns, so ist auch Öffentlichkeit keine Institution, kein Gebilde, sondern ein Strukturprinzip der gesellschaftlichen Kommunikation: das Prinzip ihrer *Unbeschränktheit*.

Öffentlichkeit ist also zunächst als eine *Kommunikationsweise*, ein Modus der gesellschaftlichen Kommunikation zu verstehen, der sich dadurch auszeichnet, dass jeder Mann (und jede Frau) sich über alles informieren kann, was für die Lebensgestaltung von Belang ist und jenseits seiner oder ihrer unmittelbaren Erfahrung liegt. Angesichts der notwendigen medialen Grundlage für gesellschaftliche Kommunikation heißt das, dass alle Tatbestände und Probleme, die es gesellschaftlich zu verarbeiten gilt, eine reelle Chance haben müssen, in den öffentlichen Medien behandelt zu werden. Öffentlichkeit als Kommunikationsweise heißt, dass alle Subjekte der Gesellschaft mit ihren je besonderen Wahrnehmungen, Erfahrungen und Interessen *freien Zutritt* zu den Medien haben, und zwar

---

1 Neidhardt: „Öffentlichkeit, öffentliche Meinung, soziale Bewegungen".

sowohl als Rezipienten wie als Objekte und ursprünglich sogar als Produzenten der Medienberichterstattung.

Ähnlich wie das Marktprinzip lässt sich Öffentlichkeit als Modus der gesellschaftlichen Kommunikation nie in vollkommener Reinheit realisieren – nicht nur, weil die technischen, ökonomischen oder politischen Rahmenbedingungen der Medienproduktionen dies nicht erlauben, sondern auch, weil Öffentlichkeit mit anderen, ebenfalls legitimen und notwendigen Kommunikationsprinzipien wie dem Schutz der Privatsphäre oder dem Schutz des geistigen Eigentums konkurriert. Wo *konkret* Öffentlichkeit durch andere Kommunikationsprinzipien begrenzt wird, ist von Kultur zu Kultur und von Zeit zu Zeit verschieden. Am weitesten gezogen sind die Grenzen von Öffentlichkeit dort, wo avancierte Modernisierung die soziale Akzeptanz dieses Prinzips am weitesten vorangetrieben hat – in den westlichen Gesellschaften mit früher, erfolgreicher bürgerlicher Revolution, in denen Aufklärung, Marktwirtschaft und Demokratie sich zu einer kompakten Tradition verschmolzen haben und in denen das fortgeschrittene Stadium der funktionalen Parzellierung Transparenz der komplexen gesellschaftlichen Verhältnisse als Bedingung von Selbstregulierung besonders notwendig macht.

Machte man bei dieser Definition halt, wäre unsere Ausgangsfrage bereits beantwortet: Ein Prinzip, der Idealtyp einer Kommunikationsweise *kann* durch ein neues Medium wie das Internet *nicht* verändert werden. Ein neues Medium verändert die Bedingungen, unter denen dieses Prinzip realisiert werden kann, und damit den Begriff davon, was als Optimum an Unbeschränktheit der gesellschaftlichen Kommunikation möglich ist. Aber es verändert nicht das Prinzip selbst, das wir in der ursprünglichen Bedeutung des Wortes als Öffentlichkeit bezeichnen. Es gilt also, sich nach einem anderen Begriff von Öffentlichkeit umzusehen, wenn wir Wandel feststellen wollen.

Um diesen Begriff zu finden, kann man kann sich in der Fülle der gegenwärtigen Fachliteratur bedienen. Denn heute bezeichnet der Ausdruck „Öffentlichkeit" meistens einen bestimmten *Kreis von Personen*, innerhalb dessen das Prinzip der kommunikativen Unbeschränktheit mehr oder weniger zur Geltung kommt, einen Kreis von Personen, die Zugang zu Informationen haben, über die sie relativ frei miteinander kommunizieren (können). Die Öffentlichkeit eines Strafprozesses bilden die Personen, die sich über das Geschehen vor Gericht informieren und miteinander darüber diskutieren (können); die (Fach-)Öffentlichkeit einer akademischen Disziplin besteht aus den Wissenschaftler(inne)n, die die einschlägigen Fachpublikationen rezipieren (können); die Öffentlichkeit einer Gesellschaft bilden diejenigen Menschen, denen die in dieser Kultur veröffentlichten Informationen zugänglich sind oder – in einer normativen Wendung des Begriffs – zugänglich sein sollten. Um dieses tatsächliche oder vorgestellte *Gebilde* der gesellschaftlichen Öffentlichkeit geht es hier.

Zum Begriffswandel vom Prinzip zum Gebilde hat auch Jürgen Habermas' einflussreiche Habilitationsschrift „Strukturwandel der Öffentlichkeit" von 1962 beigetragen. Habermas ging darin auf das 18. Jahrhundert zurück und verfolgte eine kritische Absicht, indem er einen problematischen Wandel, einen *Verfall* der Öffentlichkeit seit der Aufklärungsepoche rekonstruierte. Da nur etwas Stoffliches seine Struktur verändern bzw. verfallen kann, musste Habermas' Blick vom Prinzip der kommunikativen Unbeschränktheit zum Gebilde der gesellschaftlichen Öffentlichkeit hinüberwandern. Diese auch von Habermas selbst teilweise erst nach der Publikation seines Buches vollzogene Wanderung geht u.a. aus seiner selbstkritischen Bemerkung in späteren Neuauflagen hervor, ursprünglich die Differenzierung der Öffentlichkeit in zahlreiche (Teil-)Öffentlichkeiten unterschätzt zu haben. Diese Pluralbildung wäre beim Prinzip der kommunikativen Unbeschränktheit obsolet.

Auf der Linie der von Habermas stimulierten, möglicherweise sogar ausgelösten Begriffsentwicklung vom Prinzip zum Gebilde liegen auch die seit den 1970er Jahren ausgearbeiteten, meist systemtheoretisch inspirierten Konzepte, die *die* Öffentlichkeit quasi als eine *politische Institution* auffassen. Dieser Verengung des Öffentlichkeitsbegriffs auf eine politische Funktion folge ich nicht: Auch, wenn man das Gebilde der mehr oder weniger unbeschränkt miteinander kommunizierenden Gesellschaftsmitglieder darunter versteht, schließt der Öffentlichkeitsbegriff Funktionen ein, die sich auf die Transparenz *aller Teilsysteme* – also auch Wirtschaft, Kultur, Sport, Recht, Sozialversicherung, Ausbildungs- oder Gesundheitswesen usw. – beziehen.

Wenn wir Öffentlichkeit als soziales Gebilde, als Kreis von Menschen betrachten, weil wir ähnlich wie Habermas einen Wandel – den durch das Internet – in den Blick nehmen wollen, kommt neben dem Prinzip der Unbeschränktheit noch ein weiteres konstitutives Merkmal ins Spiel. Die Identität eines sozialen Gebildes, eines Kreises von Menschen ist nicht nur durch interne Struktureigenschaften definiert, sondern auch durch *externe Unterscheidungskriterien*, durch eine *Grenze nach außen*. Das heißt, dass die Teilnehmer an einer Öffentlichkeit über die Abwesenheit von Kommunikationsbarrieren hinaus, die sich nur ex negativo feststellen lässt, noch durch etwas positiv Identifizierbares verbunden sind, das sie von denjenigen unterscheidet, die nicht dazugehören. Öffentlichkeit als soziales Gebilde setzt *Gemeinsamkeit* voraus.

Wenn wir in diesem Sinne etwa von europäischer Öffentlichkeit reden, kommen wir nicht umhin, die Grenzen dieses Gebildes zu definieren, indem wir Kriterien angeben, wo die verbindende Gemeinsamkeit aufhört. In der Frage nach Inklusion und Exklusion besteht gegenwärtig das größte Problem des forschenden Nachdenkens über den Begriff der europäischen Öffentlichkeit. Wenn es sich um nationale Öffentlichkeiten handelt, fällt die Bestimmung der Grenzen, an denen die Gemeinsamkeit ihr Ende findet, erheblich leichter, weil sich die Kriterien in der anhaltenden Epoche des institutionalisierten Nationalstaats quasi von selbst ergeben: Staatsbürgerschaft, Landessprache(n), Landesgrenze(n), auch: Reichweite der Massenmedien Presse und terrestrischer Rundfunk, die das Gebilde der gesellschaftlichen Öffentlichkeit bisher vor allem konstituieren. In jüngerer Zeit wird darüber nachgedacht, dass räumlich definierte Kommunikationsgemeinschaften, die man Öffentlichkeiten nennen kann, durch nicht- oder supraterritoriale Zugehörigkeitskulturen ergänzt, möglicherweise auch substituiert werden, die vor allem durch neue Medien (Satellitenrundfunk, Internet einschließlich Podcast und Livestreamradio und -fernsehen) möglich werden[2]. Darauf ist zurück zu kommen.

Vorläufig ist festzuhalten, dass unter *Öffentlichkeit* hier ein soziales Gebilde, eine *Gruppe von Personen* verstanden wird, für die zwei Merkmale charakteristisch sind: erstens, dass diese Personen relativ frei miteinander kommunizieren können *(Unbeschränktheit)*, und zweitens, dass sie sich durch bestimmbare Merkmale von Außenstehenden abheben und dadurch als Gruppenzugehörige kenntlich sind *(Gemeinsamkeit)*.

2 GRUPPENCHARAKTER, BAUMSTRUKTUR, PROFESSIONALITÄT – IMMANENTE BARRIEREN VON ÖFFENTLICHKEIT

Bereits der Begriff von Öffentlichkeit als Gebilde steht der kommunikativen Unbeschränktheit entgegen. Denn durch die Vorstellung von einer Personengruppe, die durch interne Gemeinsamkeiten Identität gewinnt und sich so extern abgrenzt, muss die Kommunikation mit Außenstehenden erschwert werden. *Exklusivität* ist per definitionem eine *Kommunikationsbarriere*. Unbeschränktheit heißt aber Abwesenheit von Grenzen oder Schranken. Die Exklusivität, die mit der Verdinglichung des Öffentlichkeitsbegriffs einhergeht, widerspricht dem Prinzip Öffentlichkeit.

Darüber hinaus existieren im Gebilde Öffentlichkeit besondere Kommunikationsbarrieren, die auf die jeweilige kulturelle oder mediale Konstitution des Gebildes zurückgehen. Wenn wir den Begriff der gesellschaftlichen Öffentlichkeit mit der Idee der kulturell homogenen Nation oder der Wirklichkeit eines entsprechenden Nationalstaats verknüpfen, ist damit gedanklich oder real der Umstand verbunden, dass z.B. Personen, die der jeweiligen Landessprache unkundig sind, zu dieser Öffentlichkeit weder als Rezipienten noch gar als Kommunikatoren Zugang haben. Und die Baumstruktur der klassischen Massenmedien Zeitung, Radio und Fernsehen, bei der Informationen von einem zentralen Sender an viele Rezipienten verteilt werden, schließt weitgehend deren aktive Rolle als Produzenten und Sender von Informationen im Kommunikationsprozess aus, die das *Prinzip* Öffentlichkeit als Unbeschränktheit von Kommunikation verlangt.

Wo der Begriff von Öffentlichkeit als kommunikative Unbeschränktheit (noch) lebendig war, hat das Aufkommen der Neuen Medien Radio und Fernsehen avantgardistische Medientheoretiker wie Bertolt Brecht oder Hans Magnus Enzensberger zur Utopie vom *aktiven Publikum* verführt[3]. Aufgrund der Baumstruktur, die diesen Medien wie auch der Presse eingeprägt war und immer noch

---

2 Vgl. Hepp: Netzwerke der Medien.

3 Vgl. Brecht: „Der Rundfunk als Kommunikationsapparat"; Enzensberger: „Baukasten zu einer Theorie der Medien".

ist, mussten diese Utopien als Illusionen versanden und haben zur Ghettoisierung der damaligen Medienavantgarde beigetragen.

Schließlich wohnt diesem Begriff der Öffentlichkeit eine Kommunikationsbarriere inne, die dadurch entsteht, dass das Gebilde *hergestellt* werden muss und in der Logik der funktionalen Differenzierung daher *Spezialisten* erfordert, die sich auf diese Aufgabe konzentrieren, um sie zuverlässig und effektiv zu erfüllen.

Als Beruf, der sich auf die Öffentlichkeitsaufgabe spezialisiert, bildet auch der Journalismus eine relativ hermetische Funktionsparzelle. Obwohl er dazu da ist, Borniertheit als problematische Begleiterscheinung der funktionalen Differenzierung durch Herstellen von Transparenz zu minimieren, errichtet er durch die Konzentration auf diese Aufgabe, die wir Professionalität nennen, neue Kommunikationsbarrieren und wird selbst borniert.

Professionalität bedeutet konkret, sich der Aufgabe seines Berufs bewusst zu sein und den Regeln zu folgen, die sich im Hinblick auf diese besondere Aufgabe entwickelt haben – Regeln, die nur für diesen Beruf gelten und ihn dadurch von seiner sozialen Umwelt abgrenzen. Diese Absonderung ist notwendig, wenn die berufliche Aufgabe optimal erfüllt werden soll. Im besonderen Falle des Journalismus ist sie aber auch *hinderlich*, weil die Aufgabe gerade darin besteht, Kommunikationsbarrieren zu überwinden. Wie sollen Akteure, die ihre berufliche Identität aus der professionellen Absonderung beziehen, auf die Dauer den vollen Sinn für das Allgemeine, Nichtabgesonderte behalten?

Konkret lässt sich das Dilemma der journalistischen Professionalität beispielsweise an den *Nachrichtenfaktoren* zeigen. Wer sich an ihnen orientiert, wird als Profi angesehen, wer sie ignoriert, muss damit rechnen, als Laie belächelt zu werden. Das hat seinen guten Grund, denn Ereignishaftigkeit, Negativismus oder Prominenz sind tatsächlich Auswahlkriterien, die nach aller Erfahrung über den Publikumserfolg, also die Öffentlichkeitschance von Nachrichten entscheiden. Wer dafür ein Gespür mitbringt oder es im Laufe der beruflichen Sozialisation erwirbt, kann mit Recht auf seine Professionalität pochen. Die kontraproduktive Kehrseite beruht darauf, dass professionelles Handeln dieser Art zur systematischen *Vernachlässigung* von Themen führt, die die Nachrichtenwertkriterien nicht oder kaum erfüllen. Was nicht ereignishaft oder prominent repräsentiert ist, hat wenig Chancen, durch journalistische Profis öffentlich gemacht zu werden, obwohl es durchaus relevant sein kann. Beispiele sind Listen vernachlässigter Themen zu entnehmen, die in den USA das „Project Censored" oder in Deutschland die „Initiative Nachrichtenaufklärung" (INA) Jahr für Jahr publizieren[4]. Dass über diese Themen nicht berichtet wird, liegt nicht nur an äußerem Druck aus Politik oder Wirtschaft, oft beruht es auch auf dem professionellen Handeln von Journalisten selbst. Ein klassisches Beispiel dafür war das Top-Thema der ersten INA-Liste von 1997, die „Demokratie der 3,8 Prozent". Dass nur ein sehr kleiner Teil der deutschen Bevölkerung politischen Parteien angehört, aber die allermeisten

---

4 Vgl. Pöttker/Schulzki-Haddouti: Vergessen? Verschwiegen? Verdrängt?

öffentlichen Ämter von Parteimitgliedern besetzt werden, ist ein außerordentlich relevantes Faktum, das kaum eines des Nachrichtenwertkriterien erfüllt und deshalb auch nach wie vor kaum öffentlich beachtet wird.

Die für das Entstehen von Öffentlichkeit kontraproduktive *Kehrseite der Professionalität* wird dadurch illustriert, dass der professionelle Journalismus regelmäßig von Laienbewegungen herausgefordert wird, die ihn an seiner Öffentlichkeitsaufgabe messen. Bezeichnenderweise war und ist das in den USA besonders intensiv der Fall, wo einerseits das Öffentlichkeitsprinzip am längsten und tiefsten verankert ist, gerade deshalb aber auch die journalistische Professionalität am weitesten entwickelt und am stärksten institutionalisiert wurde. Kaum hatte man hier Anfang des 20. Jahrhunderts die Regeln des harten Nachrichtenjournalismus wie die Pyramidenform, die Meinungsabstinenz oder das Doppelchecken in Lehrbüchern fixiert und mit der systematischen Journalistenausbildung begonnen, stellten Schriftsteller-Journalisten und Sozialreporter wie Upton Sinclair diese starre Professionalität durch ihre atmosphärisch dichten, detailreichen und engagierten Reportagen wieder in Frage. Sie konnten damit einen zweiten, literarisch und politisch ambitionierten Traditionsstrang des amerikanischen Journalismus begründen, der als Herausforderung des professionellen Mainstreams in Permanenz zu begreifen ist und sich in den investigativen Glanzleistungen eines Seymour Hersh oder Bob Woodward, dem New Journalism der 1960er Jahre oder der narrativen Großproduktion der Gegenwart auch aus der Ferne sichtbar manifestiert. Bemerkenswert in diesem Zusammenhang ist, dass es auch in der gut entwickelten nordamerikanischen Journalistik etliche Autoren gibt, die die von Berufsverbänden und Journalistenschulen gehütete *Professionalität als Deformation der Öffentlichkeit* kritisieren. Sie berufen sich dabei auf Jürgen Habermas, der unter nordamerikanischen Kommunikationswissenschaftlern heute intensiver rezipiert wird als in den deutschsprachigen Ländern, wo Niklas Luhmann das theoretische Nachdenken über die Medien dominiert.

3 NETZSTRUKTUR UND ENTPROFESSIONALISIERUNG – DAS INTERNET ALS STIMULANS KOMMUNIKATIVER UNBESCHRÄNKTHEIT

Wenden wir uns nun dem Internet und seinen Auswirkungen auf das – oder besser: *die* Gebilde Öffentlichkeit zu. Was ist das Internet? Bei der Bestimmung dieses Begriffs stößt man auf ein ähnliches Problem wie beim Begriff Öffentlichkeit: Einerseits verstehen wir unter Internet ein Prinzip, einen auf verschiedenen Ebenen definierten *Standard für die Kommunikation zwischen Computern*. Andererseits stellen wir uns darunter ein Gebilde vor, nämlich die *Gesamtheit aller Rechner und Server*, die aufgrund dieses Standards miteinander kommunizieren (können): „Als Internet [...] wird die Gesamtheit aller Netzwerke und Computer bezeichnet, die über das TCP/IP-Protokoll – eine Sammlung von Regeln, die festlegen, wie die

Computer untereinander kommunizieren können – erreichbar sind."[5] Der wichtigste internetbasierte Dienst, der deshalb oft synonym mit dem Begriff Internet verwendet wird, ist das World Wide Web, das seit 1993 für die kostenlose und lizenzfreie öffentliche Nutzung freigegeben ist. „Seine technischen Eigenschaften und sein Potential liegen, auch im Vergleich zu den klassischen Medien, vor allem in den Merkmalen Multimedialität, Selektivität und Interaktivität, Hypertextualität, Aktualität, Globalität sowie in den unerschöpflichen Speicherkapazitäten."[6]

Da Computer von Menschen benutzt werden, dient das Internet natürlich auch der *zwischenmenschlichen Kommunikation*. Während die herkömmlichen Massenmedien Zeitung, Radio und Fernsehen aufgrund ihrer *Baumstruktur* nur den Kommunikationsmodus One-to-Many mit einem schwachen Rückkoppelungseffekt Many-to-One zulassen, sind im Internet aufgrund seiner *Netzstruktur* alle Kommunikationsmodi möglich, also auch One-to-One (E-Mail), Many-to-Many (Usenets), One-to-Some (Chat) und Many-to-One (Websites), jeweils sowohl synchron wie asynchron und mit den Zeichenträgern Text, Bild, Ton und/oder bewegtes Bild.

Aufgrund des durch das Internet und andere digitale Medien *radikal erweiterten Kommunikationspotentials* werden frühere medial bedingte Öffentlichkeitsbeschränkungen schwächer oder fallen ganz weg. Der Zutritt zur gesellschaftlichen Kommunikation wird leichter, Benutzer des Internets können auf dort vermittelte Informationen sofort so reagieren, dass diese Reaktion bei dem oder den Sender(n) in kurzer Zeit ankommt, was wegen der Ähnlichkeit mit der unmittelbaren interpersonalen Kommunikation oft „Interaktivität" genannt wird[7]. Außerdem kann im Prinzip jeder einzelne und jede Gruppe, dem oder der ein ans Internet angeschlossener Computer zur Verfügung steht, jeden anderen individuellen oder kollektiven „User" auf dem Globus ohne wesentliche Verzögerung erreichen, was den Zutritt zur Öffentlichkeit enorm erweitert. Und schließlich sind die Kosten für den Zutritt zur Öffentlichkeit als Kommunikator erheblich niedriger geworden, im Internet kann praktisch jede(r), der oder die ein wenig mit einem Content Management System umzugehen weiß, als Medienproduzent und -anbieter auftreten. Das Ganze steht und fällt selbstverständlich damit, dass ein genügend hoher Bevölkerungsanteil kontinuierlich eine Möglichkeit zur Internet-Nutzung hat, was aber in modernen westlichen Gesellschaften mit hoher IT-Versorgung und Netzdichte kein Problem (mehr) ist.

Das *Hybrid-Medium* Internet mit seiner Netzstruktur lässt die Träume Bertolt Brechts oder Hans Magnus Enzensbergers vom *aktiven Publikum*, von der Einbeziehung bisher „stummer" Personen oder Gruppen in den Prozess der öffentlichen Kommunikation zum ersten Mal als prinzipiell realisierbar erscheinen.

---

5   Loosen: „Internet", S. 114.

6   Ebd., S. 116.

7   Genau genommen verlangt Interaktion sowohl in der medial vermittelten als auch in der unmittelbaren zwischenmenschlichen Kommunikation noch mehr; vgl. dazu Pöttker: Entfremdung und Illusion, S. 88-97.

Eine zweite produktive Seite für das Herstellen von Öffentlichkeit hat das Internet insofern, als es gerade Laien eine erhöhte Chance gibt, sich *fern aller journalistischen Professionalität* als *Kommunikatoren* in den gesellschaftlichen Diskurs einzuschalten. Heute sind es vor allem die Blogger, die die journalistische Profession auf der technischen Grundlage des Internets herausfordern. Ob der publizistische Erfolg der Blogger an den des etablierten Journalismus heranreichen oder ihn sogar übertreffen wird, ist zwar fraglich. Bisher sind Alternativmedien, die die professionellen Regeln der Öffentlichkeitsproduktion zu wenig beachtet haben, oft am mangelnden Publikumsinteresse gescheitert. Es lässt sich zeigen, dass Stadtmagazine, die heute noch existieren, sich schon vor einem Vierteljahrhundert stärker an den Nachrichtenfaktoren orientiert haben als Parallelprodukte, die längst eingegangen sind. Aber sich gegenüber den Bloggern hinter den Mauern der überkommenen Professionalität zu verschanzen, hat für Journalisten, die sich ihrer Öffentlichkeitsaufgabe bewusst sind, wenig Sinn. Vielmehr sollte die Blogger-Szene von ihnen als Chance verstanden werden, neue Themen zu erschließen und neue Schichten des Publikums zu erreichen.

Als Fazit lässt sich die These formulieren, dass in dem oder den von Journalisten oder anderen Medienberufen hergestellten Gebilde(n) Öffentlichkeit sich durch das Internet das *Prinzip* Öffentlichkeit, die Unbeschränktheit der gesellschaftlichen Kommunikation, *leichter realisieren* lässt, als wenn nur herkömmliche Massenmedien mit Baumstruktur für die öffentliche Kommunikation der Gesellschaft zur Verfügung stehen. Das Internet hält bessere Bedingungen der Möglichkeit bereit, immanente Barrieren der gesellschaftlichen Kommunikation wie die Asymmetrie des Informationsflusses oder die Selbstbezogenheit der Medienberufe zu überwinden. Es lässt innerhalb des oder der *Gebilde(s)* Öffentlichkeit das *Prinzip* Öffentlichkeit *stärker zur Geltung* kommen.

4 PROFILVERLUST, PLURALISIERUNG, SEGMENTIERUNG – DAS INTERNET VERWISCHT DIE KONTUREN DES GEBILDES ÖFFENTLICHKEIT

Dem Gewinn an Unbeschränktheit steht freilich ein *Verlust an externer Abgegrenztheit* und *interner Homogenität* des oder der Kreise(s) von Menschen entgegen, die untereinander kommunizieren (können) und die wir deshalb als Öffentlichkeit(en) bezeichnen. Was die klassischen Massenmedien aufgrund ihrer Baumstruktur ermöglichen und fördern, dass nämlich sehr viele Menschen auf einem Territorium von denselben Kommunikationsinhalten erreicht und in ihrem Denken und Handeln beschäftigt werden, sodass sie gegenüber Außenstehenden, von diesen Inhalten nicht Erreichten und Beschäftigten, *Gemeinsamkeiten* empfinden und eine *kollektive Identität* entwickeln, stimuliert das Internet allenfalls (noch) durch Angebote im Kommunikationsmodus One-to-Many, die den klassischen Massenmedien z.B. hinsichtlich der redaktionellen Produktion ähnlich sind, deren Rezeption aber bereits weniger konzentriert stattfindet, und zwar sowohl in räumlicher als auch in zeitlicher Hinsicht. Dies sowie die breit gestreute Pluralität weiterer Kommunikationsmodi und -angebote auf dieser technischen Plattform lassen eine Funktion des Internets als Leitmedium unwahrscheinlich erscheinen. Es ist das Medium der *publizistischen Diffusion*, nicht der gemeinschaftsbildenden Konzentration von Öffentlichkeit(en) auf zentrale Informationen und Symbole.

Charakteristisch dafür ist, dass eineinhalb Jahrzehnte öffentlich benutzbares und zunehmend auch tatsächlich genutztes Internet die Entwicklung einer europäischen Öffentlichkeit kaum vorangebracht haben.[8] Damit zumindest in den politischen und ökonomischen Grenzen der Europäischen Union, möglicherweise auch der geografischen Grenzen Europas ein *Gebilde* Öffentlichkeit, also ein *gemeinsamer Kommunikationsraum* entstehen kann, reicht das Internet als mediale Plattform trotz seiner europaweiten (und darüber hinaus natürlich globalen) Reichweite nicht aus. Um europäische Öffentlichkeit als gemeinsamen Kommunikationsraum der Europäer zu fördern, wären kontinentweit verbreitete, zweisprachig – Landessprache plus lingua franca Englisch – gestaltete Zeitungen bzw. Rundfunkprogramme wahrscheinlich nützlicher. Daran wird auch die zunehmende Diffusion von Rundfunk- und Presseprodukten über das Internet kaum etwas ändern, die für das Publikum zwar die Chance zur unmittelbaren Reaktion, aber nicht zur *ubiquitären* und *kollektiven Rezeption* erhöht.

Von kulturtheoretischer Seite wird zu Recht darauf hingewiesen, dass sich im digitalen Medienumbruch zwar territorial gebundene Kollektividentitäten vom Typus Nation oder Ethnie aufzulösen beginnen, dass durch Satellitenfernsehen, Internet oder Mobiltelefonie aber neue, deterritoriale, sich im Prinzip global erstreckende kommunikativ-kulturell konstituierte Identifikationsgebilde möglich werden und tatsächlich entstehen, die ebenfalls als Öffentlichkeiten zu bezeichnen sind[9]. Abgesehen davon, dass das Phänomen der *Deterritorialisierung von Öffentlichkeiten* nicht erst mit dem digitalen Medienumbruch auftritt – Gelehrte beispielsweise bilden seit jeher relativ frei über Staats- und Kulturgrenzen hinweg untereinander kommunizierende Öffentlichkeiten in den deterritorialen Grenzen ihrer Fächer –, ändert dieser Hinweis aber wenig an dem Befund, dass das Internet und andere digitale Medienplattformen die *Zersplitterung* beispielsweise dessen begünstigen, was wir als *politische Öffentlichkeit* zu bezeichnen pflegen. Dass das Prinzip Öffentlichkeit als kommunikative Unbeschränktheit durch das Internet gestärkt wird, bringt eine *Diffusität* mit sich, von der anzunehmen ist, dass sie das oder die durch externe Grenzen und interne Gemeinsamkeiten konstituierte Gebilde Öffentlichkeit schwächt.

Diese(s) Gebilde ist/sind aber nicht überflüssig, weil es beispielsweise nach wie vor formell oder informell definierte Geltungsbereiche für Gesetze und ande-

---

8 Zu Fragen nach dem Einfluss des Internets auf eine Europäisierung von Öffentlichkeit siehe auch den Beitrag von Niesyto in diesem Band.

9 Vgl. Hepp: Netzwerke der Medien.

re kulturelle Normen gibt, die nach Öffentlichkeit als *Kontroll- und Selbstregulierungsmechanismus* verlangen, der auf bestimmte Gegenstände gerichtet ist.

5 MEHR OFFENHEIT, WENIGER GEMEINSAMKEIT – DAS INTERNET UND DIE REGULIERUNGSKRAFT VON ÖFFENTLICHKEIT

Wenn moderne Gesellschaften aufgrund ihrer Ausdehnung und Komplexität sowie der damit verbundenen Kommunikationsbarrieren Öffentlichkeit als eine hergestellte Sphäre relativ ungehinderter Kommunikation nötig haben, um sich selbst regulieren zu können, erscheint die Frage relevant, wie sich der durch das Internet bedingte Wandel der Kommunikationsverhältnisse auf die *Selbstregulierungskraft* von Öffentlichkeit auswirken wird. Offenbar ist der digitale Medienumbruch in dieser Hinsicht ambivalent: Einerseits bezieht der durch das Internet ermöglichte höhere Grad an Unbeschränktheit nun auch Themen in den öffentlichen Diskurs ein, die bisher weitgehend unbeachtet geblieben sind, und bezieht bisher als Subjekte dieses Diskurses ausgeschlossene Gruppen ein. Dass beispielsweise das bisher vom professionellen Journalismus weitgehend ausgesparte Problem seiner eigenen Qualität nun durch medienkritische Blogs auf die Tagesordnung der Öffentlichkeit gerät[10], bedeutet einen erheblichen *Zuwachs an gesellschaftlicher Selbstregulierung* für einen traditionell sich selbst überlassenen Bereich.

Andererseits geht mit der durch das Internet ebenfalls begünstigten weiteren Zersplitterung von Öffentlichkeit(en) in immer kleinteiligere und sich überlagernde Segmente, mit dem Verlust an Konzentration des Diskurses auf wenige gesellschaftliche Probleme, die politisch zu lösen wären, die Gefahr der *Zerstreuung* und dadurch bewirkten *Abschwächung* von öffentlichen Aufmerksamkeits- und Partizipationsenergien einher. Das seit den 1980er Jahren, seitdem sich der digitale Medienumbruch abzeichnet, in den meisten westlichen Demokratien die *Wahlbeteiligung* mehr oder weniger kontinuierlich *zurückgeht*, mag miteinander zusammenhängen. Die Entwicklung einer für die Selbstregulierung der Europäischen Union notwendigen europäischen Öffentlichkeit ist durch das Internet jedenfalls nicht vorangetrieben, sondern eher behindert worden, wie die gegenwärtige Krise der EU zeigt. Offenbar ist die publizistische Zersplitterung im Internet eher geeignet, bestehende *nationale Identitäten zu stärken*, als neue, übergreifende politische Identitäten entstehen zu lassen.

Welcher dieser beiden Aspekte schließlich dominieren wird, ist heute schwer zu sagen, dazu fehlt es (noch) an Erfahrung. Mit Sicherheit lässt sich sagen, dass das Internet und der digitale Medienumbruch das oder die Gebilde Öffentlichkeit(en) schon heute erheblich verändert haben und in Zukunft weiter verändern werden.

---

10 Vgl. www.bildblog.de.

LITERATURVERZEICHNIS

Brecht, Bertolt: „Der Rundfunk als Kommunikationsapparat" [1932], in: Prokop, Dieter (Hrsg.): Massenkommunikationsforschung. Bd. 1: Produktion, Frankfurt a.M. 1972, S. 31-35.

Enzensberger, Hans Magnus: „Baukasten zu einer Theorie der Medien" [1970], in: Baukasten zu einer Theorie der Medien. Kritische Diskurse zur Pressefreiheit, hrsg. v. Peter Glotz, München 1997, S. 97-132.

Habermas, Jürgen: Strukturwandel der Öffentlichkeit. Untersuchungen zu einer Kategorie der bürgerlichen Gesellschaft, Neuwied/Berlin 1962.

Hepp, Andreas: Netzwerke der Medien, Medienkulturen und Globalisierung, Wiesbaden 2004.

Loosen, Wiebke: „Internet", in: Weischenberg, Siegfried u.a. (Hrsg.): Handbuch Journalismus und Medien, Konstanz 2005, S. 114-118.

Neidhardt, Friedhelm: „Öffentlichkeit, öffentliche Meinung, soziale Bewegungen", in: Kölner Zeitschrift für Soziologie und Sozialpsychologie, „Öffentlichkeit, öffentliche Meinung, soziale Bewegungen", hrsg. v. Friedhelm Neidhardt, Sonderheft 34, 1994, S. 7-41.

Pöttker, Horst: Entfremdung und Illusion. Soziales Handeln in der Moderne, Tübingen 1997.

Pöttker, Horst/Schulzki-Haddouti, Christiane (Hrsg.): Vergessen? Verschwiegen? Verdrängt? 10 Jahre „Initiative Nachrichtenaufklärung", Wiesbaden 2007.

EUROPÄISCHE ÖFFENTLICHKEIT IM INTERNET

VON JOHANNA NIESYTO

Seit Mitte der 1990er Jahre hat sich die Forschung zu europäischer Öffentlichkeit intensiviert.[1] In diesem Forschungsstrang dokumentieren insbesondere kommunikations- und medienwissenschaftliche Analysen, die der Bestimmung von Europäisierungsgraden in vorwiegend printmedialen Öffentlichkeiten nachspüren, diskursive Arenen, welche über nationalstaatliche Grenzen hinaus verweisen. Die verschiedenen Studien können vor allem vertikale kommunikative Vernetzungen – z.B. die Erwähnung supranationaler europäischer Akteure in nationalen Medien – dokumentieren. Horizontale Vernetzungen im Sinne der gegenseitigen Resonanzerzeugung nationaler Akteure in Medienarenen anderer Länder werden hingegen eher weniger in den positiven Analysen entdeckt.[2] Während die Beschreibung der kommunikativen Vernetzungsgrade und -muster im europäischen Raum wichtige Beiträge im Sinne der Erfassung emergenter, sich transformierender Öffentlichkeit(en) bietet, ist die in den genannten empirischen Studien gewählte Perspektive nur eine Seite der Medaille, da der Begriff *politischer* Öffentlichkeit nicht allein zur Beschreibung von Kommunikationsflüssen und -mustern, sondern auch im Kontext normativer politischer Theorie entwickelt worden ist. In der deliberativen Demokratietheorie[3] wird politische Öffentlichkeit als ein sozialer Raum – als

---

1 Dies zeigt sich u.a. in zahlreichen laufenden Forschungsprojekten wie *Discourse, Politics, Identity* an den Universitäten Wien und Lancaster (http://www.lancs.ac.uk/ias/researchgroups/dpi/dpi.htm); *EUROSPHERE – Diversity and the European Public Sphere: Towards a Citizens' Europe* an der Universität Bergen (http://eurosphere.uib.no); *Europäische Öffentlichkeit und Identität* an der Universität Zürich (http://www.foeg.unizh.ch/forschung_am_foeg/projekte/europaeische_oeffentlichkeit_und_identitaet.aspx); *European Public Sphere(s): Uniting and Dividing* an der Universität Helsinki (http:// www. valt. helsinki.fi/blogs/eupus); *Civil Society and the Public Sphere*, Teilprojekt des europäischen Projektes *Reconstituting Democracy in Europe*, koordiniert von *ARENA – Centre for European Studies* an der Universität Oslo (http://www.reconproject.eu/projectweb/portalproject/WP5.html); *The Transnationalization of Public Spheres in Europe*, Teilprojekt des SFB 597 Staatlichkeit im Wandel an der Jacobs University in Bremen (http://www.jacobs-university.de/schools/shss/research/sfb/home); *Arbeitsgruppe Kommunikationswissenschaftliche Europaforschung* an der Universität Wien (http://www.univie.ac.at/Publizistik/Europaprojekt/index.html).

2 Z.B. Berkel: Konflikt als Motor europäischer Öffentlichkeit; Adam: Symbolische Netzwerke in Europa; für einen Überblick siehe Latzer/Sauerwein: „Europäisierung durch Medien".

3 Da die Arbeiten von Habermas – insbesondere „Strukturwandel der Öffentlichkeit" sowie die Fortführung bzw. teilweise Überarbeitung der dort entwickelten Ideen in „Faktizität und Geltung" – oft gewählter Ausgangspunkt der gegenwärtigen wissenschaftlichen Debatte um eine Transnationalisierung und/oder Europäisierung von Öffentlichkeit sind (z.B. Bohman: Democracy across Borders; Fossum/Schlesinger: „The European Union and the Public Sphere. Communicative space in the making?"; Niesen/Herboth: Anarchie der kommunikativen Freiheit; Schmalz-Bruns: „Demokratisierung der Europäi-

Netzwerk – gefasst, in welchem sich kommunikative, (selbst-)reflexive Prozesse entfalten, die sich idealerweise durch Inklusivität und Fairness auszeichnen. Im besten Fall synthetisieren sich die in diesen Prozessen geäußerten Inhalte und Stellungnahmen über die Mobilisierung von Vernunft zu öffentlichen Meinungen. Öffentliche Meinungen, in welchen sich der Wille des Souveräns ausdrücken soll, werden dabei verstanden als Werkzeuge des Einflusses auf das politische System. Die kommunikativ erzeugte politische Kraft der öffentlichen Meinungen soll dann erstens die Regierenden zur Verantwortung ziehen und zweitens absichern, dass sich in den Handlungen des politischen Zentrums der Wille der von diesen Handlungen Betroffenen ausdrückt.[4] Für einen politischen Öffentlichkeitsbegriff, welcher sich auf den Souverän bezieht, sind somit erstens die Ideen der normativen Legitimität und der politischen Effektivität öffentlicher Meinungen wesentlich[5] und zweitens ist das Grundrecht auf kommunikative Freiheit[6] Grundvoraussetzung.

Mit dem Phänomen der Transnationalisierung im Allgemeinen und Europäisierung von Öffentlichkeit im Speziellen steht die normative Theorie vor der Herausforderung, zentrale Bezugspunkte bisheriger Öffentlichkeitskonzeptionen zu überdenken, um sie einem post-westfälischen Rahmen[7] angemessen zu berücksichtigen:

> The *who* of communication, previously theorized as a Westphalian-national citizenry, is now a collection of dispersed subjects of communication. The *what* of communication, previously theorized as a Westphalian-national interest rooted in a Westphalian-national economy, now stretches across vast reaches of the globe, in a transnational community of fate and of risk, which is not however reflected in concomitantly expansive solidarities and identities. The *where* of communication, once theorized as the Westphalian-national territory, is now deterritorialized cyberspace. The *how* of communication, once theo-

---

schen Union – oder: Europäisierung der Demokratie?"), werden sie auch hier als Ausgangspunkt gewählt, um Bezüge zur gegenwärtigen Diskussion herzustellen.

4   Habermas: Faktizität und Geltung, S. 435-467.
5   Fraser: „Die Transnationalisierung der Öffentlichkeit", S. 225.
6   Unter Rückgriff auf Günther (1991) versteht Habermas kommunikative Freiheit als Möglichkeit, sich zu den Äußerungen eines Gegenübers kommunikativ zu verhalten, d.h. auch zu den vom Gegenüber erhobenen, auf intersubjektive Anerkennung angewiesenen Geltungsansprüchen Stellung zu nehmen (Habermas: Faktizität und Geltung, S. 152).
7   Die Ausdrücke *westfälisch* und *westfälischer* Rahmen beziehen sich auf den Westfälischen Frieden von 1648, welcher den Weg souveräner Staatlichkeit besiegelte. Nationalstaatlichkeit ist hierbei territorial verankert und bezieht sich somit auf eine räumlich begrenzte politische Gemeinschaft. Dagegen beziehen sich die Ausdrücke *post-westfälisch* und *post-westfälischer* Rahmen auf eine postnationale Konstellation, in welcher weder das demos noch die verhandelten Probleme und die staatlichen Akteure (Stichwort: Governance) in einem nationalstaatlichen territorial begrenzten politischen Raum verortet werden können.

rized as Westphalian-national print media, now encompasses a vast translinguistic nexus of disjoint and overlapping visual cultures. Finally, the *addressee* of communication, once theorized as Westphalian state power to be made answerable to public opinion, is now an amorphous mix of public and private transnational powers (suggestively named ‚the nebuleuse' by Robert Cox), that is neither easily identifiable nor rendered accountable.[8]

Ziel dieses Beitrags kann es nicht sein, sämtliche der von Fraser benannten Dimensionen demokratischer Öffentlichkeit vor dem Hintergrund europäischer Integration zur reflektieren, vielmehr soll sich vorsichtig, aber dennoch kritisch der Frage des *Wo* europäischer Öffentlichkeit genähert werden. Fragen des *Wer, was, wie* sowie die Frage nach dem *Adressaten* werden nur in dem Maße behandelt, in dem sie sich mit der Frage nach dem *Wo* überschneiden.

Die eingangs genannten empirischen Studien konzentrieren sich auf nationale Qualitätszeitungen mit Annahmen wie der folgenden, dass „if we find no significant trend of Europeanization in quality papers, it will be found even less in the other media"[9]. Hierbei ist erstens nicht offensichtlich, warum Qualitätszeitungen höhere Grade an Europäisierung als die so genannte Regenbogenpresse aufzeigen sollen; ferner ist fraglich, warum Unterschiede zu Medien wie Hörfunk, Fernsehen und Internet bestehen sollen, welche unterschiedliche Formate (z.B. Nachrichten oder Boulevardberichterstattung) anbieten. Auch werden mit der Wahl nationaler Qualitätszeitungen mediale Infrastrukturen in den Blick genommen, welche in erster Linie nationalstaatlich geprägt sind.[10] Damit wird Öffentlichkeit im Nationalstaat territorialisiert – ähnlich wie auch Habermas implizit in *Strukturwandel der Öffentlichkeit* durch die Thematisierung nationaler Presse und Hörfunk vorwiegend nationalstaatlich geprägte Kommunikationsinfrastrukturen in den Mittelpunkt stellt.[11] Mit voranschreitender Europäisierung von Politik und Öffentlichkeit muss zwar nicht eine Bedeutungslosigkeit des Nationalstaats und seiner Öffentlichkeit einhergehen, allerdings sollte auf der Suche nach einer für den transnationalen Rahmen geeigneten kommunikativen Infrastruktur der Blick erweitert werden und im Sinne Frasers der Cyberspace in den Fokus genommen werden. Im Gegensatz zu beispielsweise Satellitenmedien unterscheidet sich das World Wide Web nicht nur hinsichtlich der Reichweite und Übertragungsgeschwindigkeit, sondern vor allem durch seine interaktiven Eigenschaften und scheint da-

---

8   Fraser: „Transnationalizing the Public Sphere", S. 5f. (Hervorhebung: J.N.).
9   Brüggemann u.a.: „Segmented Europeanization", S. 10.
10 Diese Aussage ist bewusst vorsichtig formuliert, da erstens gewisse sub- und transnationale Nischenmedien existieren sowie zweitens sich im Zuge der Internationalisierung des Medienmarktes auch sogenannte globale Medien entwickelt haben. Letztere verfolgen jedoch eher ökonomische Ziele und haben weniger das Interesse, transnationale Macht zu beobachten und/oder eine Kritikfunktion auszuüben.
11 Fraser: „Die Transnationalisierung der Öffentlichkeit", S. 228.

durch ein für die Öffentlichkeitsherstellung im Allgemeinen prädestiniertes Medium zu sein.

Um sich der Frage zu nähern, ob und inwiefern der Cyberspace tatsächlich als geeignete Infrastruktur für europäische Öffentlichkeit gedacht werden kann, diskutiere ich im ersten Teil zentrale Herausforderungen und Fragen europäischer Öffentlichkeit, um diese im zweiten Teil vor dem Hintergrund bisheriger theoretischer Überlegungen und empirischer Studien zu Internetöffentlichkeit zu reflektieren. Im dritten Teil greife ich auf die Debatte zwischen Lippmann und Dewey zurück und versuche zu zeigen, dass diese an ihrer Aktualität nicht eingebüßt hat und deswegen auch theoretische Perspektiven für europäische Öffentlichkeit im Netz aufzuzeigen vermag.

I EUROPÄISCHE ÖFFENTLICHKEIT ALS NETZWERKÖFFENTLICHKEIT

Eine Vorstellung von politischer Öffentlichkeit als ontologische Einheit mit monolithischem Charakter wird mit Blick auf die Europäische Union herausgefordert.[12] Da die Europäische Union weder ein Staat noch eine Nation ist, wird in der Literatur eine der polyzentrischen Multi-Level-Governance-Struktur der Europäischen Union adäquate und eine der kulturellen Diversität und Sprachenvielfalt Rechnung tragende pluralistische Öffentlichkeitskonzeption entworfen, die Öffentlichkeit als Netzwerk verschiedener sich überlappender (Teil-)Öffentlichkeiten fasst.[13] Auf theoretischer Ebene stellen sich im Rahmen einer solchen Netzwerköffentlichkeit vor allem zwei Fragen: Können die Grenzen dieser Netzwerköffentlichkeit definiert werden und wenn ja, wie? Sollen die verschiedenen Teilöffentlichkeiten miteinander verbunden sein und wenn ja, wie müssen diese Konnektivitäten aussehen, damit sich eine lebendige, kritische Öffentlichkeit entwickeln kann, deren Output wahrgenommen werden kann und welche legitimierend auf die politischen Institutionen der Europäischen Union wirken kann, um ihr demokratisches Potenzial zu entfalten (Stichworte: normative Legitimität; politische Effektivität)?

Die Frage nach den Grenzen eines Netzwerkes scheint paradoxer Natur zu sein, fokussiert doch die Netzwerkmetapher den Blick auf das Verbindende, auf

---

12 Dieses Kapitel diskutiert nicht die These, dass es keine europäische Öffentlichkeit gebe, weil a) es kein europäisches Demos und damit auch keine europäische Zivilgesellschaft gebe, b) durch die Sprachenvielfalt keine europäische Medien entstehen können und c) sich so auch keine kollektive Identität herausbilden könne. Für eine Zusammenfassung dieser Positionen siehe Kantner: Kein modernes Babel, S. 61-93. Diese Thesen werden nicht dargestellt und reflektiert, da das europäische Demokratie- und Öffentlichkeitsdefizit in diesem Beitrag als Theoriedefizit angegangen wird (Abromeit: „Möglichkeiten und Ausgestaltungen einer europäischen Demokratie", S. 51). Insgesamt wird dabei jedoch nicht die Annahme zugrunde gelegt, dass das europäische Demokratie- und Öffentlichkeitsdefizit ausschließlich als Theoriedefizit aufzufassen ist, vielmehr soll mit diesem Beitrag darauf hingewiesen werden, dass jenes Defizit auch ein theoretisches ist.

13 Z.B. Eriksen „Conceptualising European public spheres. General, segmented and strong publics"; Wessler: „Europa als Kommunikationsnetzwerk".

die Konnektivitäten, auf das *Dazwischen*. Nimmt man beispielsweise die Castell-sche Netzwerkdefinition zum Ausgangspunkt, sind Netzwerke gleich welcher Art durch einen inklusiven Charakter geprägt:

> Netzwerke sind offene Strukturen und in der Lage, grenzenlos zu expandieren und dabei neue Knoten zu integrieren, solange diese innerhalb des Netzwerkes zu kommunizieren vermögen, also solange sie dieselben Kommunikationscodes besitzen – etwa Werte oder Leistungsziele.[14]

Über In- und Exklusion entscheiden dieser Definition nach gemeinsame Kommunikationscodes. Aber wer definiert diese in einer europäischen Öffentlichkeit und inwiefern können diese Codes als europäisch gelten? Die Antwort auf diese Frage wird zudem erschwert, nimmt man an, dass Europäisierung Teil eines umfassenderen gesellschaftlichen Prozesses ist, welcher als Transnationalisierung, Denationalisierung oder Globalisierung[15] umschrieben wird. Wenn man also davon ausgeht, dass europäische öffentliche Kommunikation eingebettet ist „in die mit der Globalisierung entstandene multidimensionale, komplexe Konnektivität"[16], könnte man dennoch in Anlehnung an Hepp argumentieren, dass europäische Öffentlichkeit in einer *weiteren Definition* sich nicht direkt abgrenzt, jedoch erkennbar macht durch spezifische Verdichtungen von Konnektivitäten zwischen differenten Lokalitäten und Öffentlichkeiten. Allerdings führt dieser Gedanke wieder zurück zur Frage nach der spezifisch europäischen Qualität der Kommunikation, wobei die Antwort zusätzlich durch die fehlende Verständigung über das „*what the Union is for*"[17] erschwert wird. Habermas selbst sieht hier die Lösung in der Schaffung einer Europäischen Verfassung, welche eine induzierende Wirkung auf die Herstellung eines europäischen Kommunikationszusammenhanges haben könne.[18] Im Habermasianischen *enger gefassten Öffentlichkeitsbegriff* sind dementsprechend die Grenzen des Netzwerkes an einen grundrechtlich garantierten Rahmen geknüpft:

> Die von Beschlüssen entkoppelte Meinungsbildung vollzieht sich in einem offenen und inklusiven Netzwerk von sich überlappenden subkulturellen Öffentlichkeiten mit fließenden zeitlichen, sozialen und sachlichen Grenzen. Die Strukturen einer solchen pluralistischen Öf-

---

14 Castells: Der Aufstieg der Netzwerkgesellschaft, S. 528f.
15 Für einen Überblick siehe Selchow: „Language and ‚Global' Politics".
16 Hepp: Netzwerke der Medien, S. 183.
17 Fossum/Schlesinger: „The European Union and the Public Sphere", S. 10, (Hervorhebung im Original).
18 Habermas: „Braucht Europa eine Verfassung?".

fentlichkeit bilden sich, innerhalb eines grundrechtlich garantierten Rahmens, mehr oder weniger spontan.[19]

Indem Habermas sich dem Verfassungspatriotismus verschreibt, wird auch auf der Ebene der Europäischen Union Öffentlichkeit territorial verankert und die Frage nach den Grenzen, welche mit der Frage nach der Inklusion direkt verbunden ist, zudem an den Status der Unionsbürgerschaft gebunden. Damit tritt die Frage nach dem *Wer* hervor. Fraser schlägt aus ihrer Kritik an Habermas heraus vor, diese Frage nicht an den Status der Bürgerschaft, sondern an das Prinzip der Betroffenheit zu binden, welches beinhaltet, dass Menschen „durch ihre wechselseitige Verstrickung in Strukturen und/oder Institutionen, die ihr Leben beeinflussen[,]"[20] zu Mitgliedern einer Öffentlichkeit werden.

In einem früheren Aufsatz, der jedoch auf der Folie nationalstaatlicher Rahmenbedingungen geschrieben wurde und als Kritik an Habermas' „Strukturwandel der Öffentlichkeit" zu lesen ist, verknüpft Faser die Frage nach der Inklusivität zudem mit der Frage nach der partizipatorischen Parität. Sie argumentiert, dass eine Vielzahl von Öffentlichkeiten dem Ideal partizipatorischer Parität eher entspreche als eine einzige, übergreifende Öffentlichkeit, da so Mitglieder von Gruppen, welche in deliberativen öffentlichen Prozessen benachteiligt würden, die Chance hätten, sich selbst zu verständigen und so zu partizipieren. Diese subalternen Gegenöffentlichkeiten werden dementsprechend verstanden als „discursive arenas where members of subordinated social groups invent and circulate counterdiscourses to formulate oppositional interpretations of their identities, interests and needs"[21]. Im Rahmen europäischer Öffentlichkeit stellt sich an dieser Stelle die Frage, welche Kommunikationen als Öffentlichkeiten bzw. als Gegenöffentlichkeiten gefasst werden können, ist es doch schwierig oder gar unmöglich eine (dominante) öffentliche Meinung zu identifizieren, mit welcher sich bestimmte Gruppen identifizieren können und/oder am Meinungsbildungsprozess mitgewirkt haben. Dennoch scheint Frasers Idee gerade für den europäischen Kontext übertragbar zu sein, löst man die Dichotomie von dominant vs. subaltern als binäre Gegenüberstellung auf und pluralisiert sie. Für den europäischen Kommunikationszusammenhang gilt angesichts der Dominanz von Englisch als der *lingua franca* sowie generell angesichts der anzutreffenden Diversität noch stärker das Argument, dass die Pluralität von Gruppen in multikulturellen Gesellschaften sich auch in einer Vielzahl von funktionalen, segmentären und stratifikatorischen Öffentlichkeiten widerspiegeln sollte, damit bestimmten Gruppen die Chance eröffnet wird, sich öffentlich artikulieren können.[22]

---

19 Habermas: Faktizität und Geltung, S. 373.
20 Fraser: „Die Transnationalisierung der Öffentlichkeit", S. 249.
21 Fraser: „Rethinking the Public Sphere", S. 123.
22 Auch Eriksen argumentiert, dass viele Öffentlichkeiten die Möglichkeiten zur Partizipation vergrößern, so dass weniger Stimmen ausgeschlossen werden und mehr die Legimi-

Hinsichtlich der Konnektivität dieser Öffentlichkeiten konzeptionalisiert Fraser im nationalstaatlichen Kontext „one public in which participants can deliberate as peers across lines of difference about policy that concerns them all".[23] Auch Habermas beschreibt in „Faktizität und Geltung" die allgemeine Öffentlichkeit als „wilden Komplex"[24], in welchem verschiedene Teilöffentlichkeiten verbunden sind. Für den postwestfälischen Kontext stellt sich die Frage der *interpublic relations* erneut: Kann es ein *one public* geben und wenn ja, wie soll dieses *one public* aussehen? In der Literatur finden sich diesbezüglich fast ausschließlich Aussagen zur Vernetzung nationaler (massenmedialer) Öffentlichkeit.[25] So sieht beispielsweise Habermas eine europäische Öffentlichkeit erst dann entstehen, wenn die verschiedenen nationalen Öffentlichkeiten sich füreinander öffnen und miteinander in einen diskursiven Austausch treten.[26] Für Eder/Kantner entsteht unter Rückgriff auf Habermas eine europäische Öffentlichkeit, wenn „zur gleichen Zeit die gleichen Themen unter gleichen Relevanzgesichtspunkten" diskutiert werden.[27] Damit begnügen Eder und Kantner sich mit schwächeren *interpublic relations* als Habermas; letzterer stützt sich auf die Unterscheidung von Peters,[28] welche drei Stufen der kommunikativen Vernetzung umfasst:[29]

- Beobachtung europäischer Themen und Bezug zum politischen System der Europäischen Union in nationalen massenmedialen Öffentlichkeiten;
- gegenseitige Beobachtung der nationalen massenmedialen Öffentlichkeiten im Hinblick auf diese Themen;
- diskursiver Austausch von Argumenten und Meinungen zwischen den nationalen Öffentlichkeiten über diese Themen;
- und damit die Aussicht auf die kommunikative Herausbildung einer kollektiven Identität.

Hierbei werden, so Habermas, „[d]ie Grenzen der nationalen Öffentlichkeiten zu Portalen wechselseitiger Übersetzungen"[30]. In dieser Operationalisierung wird der Blick durch die *westfälische Brille* noch deutlicher als zuvor, indem auf massenmediale nationale Öffentlichkeit quasi als *Knoten mit Scharnierfunktion* gesetzt

---

tät der Akteure des politischen Zentrums kontrollierende Kritik geübt werden könne (Eriksen: „Conceptualising European public spheres", S. 42).

23 Fraser: „Rethinking the Public Sphere", S. 127.
24 Habermas: „Faktizität und Geltung", S. 374.
25 Eine Ausnahme bildet Klaus, welche den Blick auf die unterschiedlichen Öffentlichkeitsebenen lenkt, die sie auch im europäischen Kontext gegeben sieht (Klaus: „Von der Beschränktheit unserer Öffentlichkeitstheorien im europäischen Kontext").
26 Habermas: „Europapolitik in der Sackgasse", S. 107.
27 Eder/Kantner: „Transnationale Resonanzstrukturen in Europa", S. 315.
28 Habermas: „Europapolitik in der Sackgasse", S. 107, sowie Habermas: „Hat die Demokratie noch eine epistemische Dimension?", S. 191.
29 Peters: Nationale und Transnationale Öffentlichkeit, S. 183-297.
30 Habermas: „Hat die Demokratie noch eine epistemische Dimension?", S. 191.

wird. Eine postwestfälische Perspektive möchte zwar nicht diese Übersetzungsleistung massenmedialer nationaler Öffentlichkeit infrage stellen, aber stärker den Fokus auf Prozesse und Momente des Konnektierenden und des Dazwischen legen. Folgt man Fraser[31], muss sich eine solche Perspektive mit Blick auf die Frage des *Wo* insbesondere den folgenden Problemen stellen:

- Inwiefern haben Betroffene Zugang?
- Inwiefern können die verschiedenen Öffentlichkeiten und ihre Mitglieder als Gleiche partizipieren?
- Inwiefern können sich Prozesse und Momente des Konnektierenden in den Öffentlichkeiten konstituieren, welche eine kritische Kraft entfalten?
- Inwiefern sind die Öffentlichkeiten an die politischen Entscheidungsprozesse der Europäischen Union gekoppelt?

Die oben benannten Herausforderungen und Fragen überschreiten bei Weitem den Rahmen dieses Beitrags, deshalb wird im folgenden Abschnitt überblicksartig versucht, die hier aufgeworfenen Probleme ausschließlich mit der Frage nach einer (möglichen) Internetöffentlichkeit zu verknüpfen.

2 INTERNETÖFFENTLICHKEIT ALS NETZWERKÖFFENTLICHKEIT

INWIEFERN HABEN BETROFFENE ZUGANG?

Forschungen zeigen, dass der Zugang zum World Wide Web selektiv ist.[32] Ungleicher Zugang wird hier auf geografische und sozio-demografische Faktoren zurückgeführt.[33] Für den europäischen Kontext identifiziert beispielsweise eine Studie, welche von der Europäischen Kommission in Auftrag gegeben wurde, Alter und Geschlecht als wichtige Einflussgrößen. Auch werden Unterschiede zwischen ländlichen und urbanen Räumen festgestellt: „[...] Internet penetration among housepersons, especially women, older citizens, retired people and in rural areas [...] is clearly lagging behind".[34] In einer weiteren Studie zeigen sich daneben Länderunterschiede hinsichtlich des Internetzugangs in der Europäischen Union: In dreizehn Ländern hat über die Hälfte der erfassten Haushalte einen Internetanschluss; in Rumänien, Griechenland und Bulgarien verfügen weniger als ein Viertel der untersuchten Haushalte über einen Internetanschluss.[35] Die Ergebnisse kön-

---

31 Fraser: „Die Transnationalisierung der Öffentlichkeit".
32 Für eine Diskussion von Zugangsbarrieren im bundesdeutschen Kontext vgl. Enders u.a. in diesem Band.
33 Für einen Überblick siehe Deutscher Bundestag: „Schlussbericht der Enquete-Kommission, Globalisierung der Weltwirtschaft"', Kapitel 5.2.1.
34 Kommission der Europäischen Gemeinschaften: „eInclusion revisited", S. 8.
35 TNS Opinion & Social für die Europäische Kommission: „Eurobarometer Spezial 293", S. 55.

nen vor dem Hintergrund, dass ausschließlich Unionsbürger befragt wurden, nur als Tendenz gewertet werden, setzt man einen weiter gefassten Öffentlichkeitsbegriff voraus. Trotz dieser deutlichen Unterschiede im Netzzugang zeigen Daten des im November 2007 veröffentlichten Eurobarometers, dass das Internet als Medium zur Information über die Europäische Union an Bedeutung gewinnt. Nach wie vor tritt zwar das Fernsehen hervor, welches mit 63 Prozent deutlich vor der zweitplatzierten Tageszeitung (41 Prozent) liegt. An dritter Stelle rangiert allerdings bereits das Internet mit 28 Prozent[36] und nimmt so im Vergleich zum Vorjahr um fünf Prozentpunkte zu, wohingegen das Fernsehen mit sieben Prozentpunkten deutlich zurückging,[37] sodass sich hier eine Verschiebung zugunsten des Internets feststellen lässt.

Im globalen Kontext sieht Norris in der zunehmenden Bedeutung des Internets für die *Informationsgesellschaft* allerdings die Gefahr, dass im Kontext der politischen Netznutzung das Internet Aktivbürger gegenüber politisch Desinteressierten und/oder Inaktiven begünstige und so der *democratic divide* zwischen politisch Aktiven und Inaktiven zunehme.[38] Für den bundesdeutschen Kontext bestätigt die quantitative Studie von Emmer/Vowe Norris' These in gewisser Hinsicht. Ihre Ergebnisse zeigen, dass beim Internetzugang – zwar mit abnehmender Tendenz – Unterschiede in Alter und Bildung nach wie vor von Bedeutung sind. Zudem seien bei der insgesamt noch geringen Nutzung des Internets für politische Zwecke bei einzelnen Online-Aktivitäten größer werdende Unterschiede zu verzeichnen.[39]

Darüber hinaus werden Zugang sowie kommunikative Freiheit durch das Vordringen staatlicher und ökonomischer Macht beeinträchtigt. So konstatiert Cooke mit Blick auf die EU Einschränkungen der demokratischen Potenziale des World Wide Web:

> [...] [I]n the EU arena, the desire to control and regulate the internet is taking precedence over measures to promote freedom of expression and freedom of enquiry online. A reliance on industry self-regulation rather than on autonomous self-regulation by the end user carries real risks of ‚unseen' (and therefore unaccountable) censorship.[40]

---

36 TNS Opinion & Social für die Europäische Kommission: „Eurobarometer 67", S. 132.
37 Ebd.
38 Norris: „Digital Divide", S. 230f.
39 Emmer/Vowe: „Mobilisierung durch das Internet?".
40 Cooke: „Controlling the net", S. 373.

JOHANNA NIESYTO

INWIEFERN KÖNNEN DIE VERSCHIEDENEN ÖFFENTLICHKEITEN UND IHRE MITGLIEDER ALS GLEICHE PARTIZIPIEREN?

Prinzipiell, so Habermas, ermögliche die Internetkommunikation den Austausch zwischen egalitären Partnern, welche durch interaktive Anwendungen „auf gleicher Augenhöhe"[41] miteinander kommunizieren könnten. Für Young können Teilnehmer aufgrund unterschiedlicher Sprachkulturen und Ausdrucksweisen, welche durch bestimmte soziale Kontexte geprägt werden, nur als Gleiche partizipieren, sofern im Diskurs nicht nur bestimme diskursive Ausdrucksstile privilegiert würden.[42] Hinsichtlich des Internets verweisen Autoren wie z.B. Bennett darauf, dass das Internet gerade ein Raum expressiver politischer Kommunikation zwischen Bürgern sei. Dabei bezieht er sich auf kommunikative Formen wie politischen Konsum oder Cyberaktivismus.[43] Unter Rückgriff auf zahlreiche Studien, welche insbesondere genderbezogene Ungleichheiten in Onlinediskursen dokumentieren, weist Dahlberg allerdings darauf hin, dass sich Status auch online mit jeder (Inter-)Aktion entwickle. *Cyberpower* sei verknüpft mit sozialen Hierarchien und Identitäten, welche sich im Offlinebereich herausbildeten.[44] Neben sozialen und kulturellen Unterschieden könne auch die Instanz der Moderatoren und/oder Administratoren und das Design der Onlineanwendungen dazu führen, dass bestimmte Teilnehmer die Diskussion dominieren und sich so Machtasymmetrien zugunsten bestimmter Akteure entfalten.[45] Ferner wird von Barney das Argument angebracht, dass die User relativ machtlos gegenüber denjenigen seien, die über das Design entscheiden würden und den Inhalt kontrollierten.[46]

Neben der Frage der partizipatorischen Parität innerhalb von Gruppen stellt sich die Frage nach der Sichtbarkeit dieser Gruppen. Hier zeigen verschiedene quantitative Studien, welche die Suche in Suchmaschinen als Ausgangspunkt wählen und die Ergebnisse mit der Sichtbarkeit von Akteuren in Printmedien vergleichen, dass trotz unterschiedlicher Filtermechanismen – (nicht transparente!) Algorithmen vs. journalistisches Gatekeeping – ähnliche Hierarchien der Sichtbarkeit in diesen unterschiedlichen kommunikativen Arenen erzeugt werden, so dass vor allem politische Akteure des Zentrums sichtbar seien.[47] Kommerzielle Such-

---

[41] Habermas: „Hat die Demokratie noch eine epistemische Dimension?", S. 161.

[42] Young: „Communication and the Other".

[43] Bennett: „Changing Citizenship in the Digital Age".

[44] Dahlberg: „Computer-Mediated Communication and The Public Sphere".

[45] Z.B. Wright/Street: „Democracy, deliberation and design"; Wodak/Wright: „The European Union in Cyberspace".

[46] Barney: „The Network Society", S. 141.

[47] Koopmans/Zimmermann: „Visibility and communication networks on the Internet"; Zimmermann u.a.: „Political communication on the Internet".

maschinen wie Google und Portale wie AOL würden auf diese Weise viele Stimmen marginalisieren und Praxen eines Konsumentenkapitalismus vorziehen.[48]

INWIEFERN KÖNNEN SICH IN DEN ÖFFENTLICHKEITEN PROZESSE UND MOMENTE DES KONNEKTIERENDEN KONSTITUIEREN, WELCHE EINE KRITISCHE KRAFT ENTFALTEN?

Skeptische Positionen sehen die größte Herausforderung des Internets in der Fragmentierung zerstreuter Öffentlichkeiten. So schreibt Habermas Internetöffentlichkeit eine zentrifugale Kraft zu, welche zu einer kommunikativen Verflüssigung von Politik, einer Fragmentierung in zahlreiche *issue publics* führe und die verschiedenen Meinungen eben nicht selegiere, synthetisiere und filtere. Auch im Kontext von Internetöffentlichkeit fokussiert Habermas nationale Öffentlichkeiten, indem er die Bedingung für Entfaltung kritischer Kraft an die Bedingung der Anbindung von Onlinedebatten an die Vorgänge in den nationalen Öffentlichkeiten außerhalb des World Wide Web knüpft.[49] In ähnlicher Weise sieht auch Splichal in der fehlenden Bündelung von Meinungen das zentrale Problem von Internetöffentlichkeiten, welche kaum die Rolle eines *watchdog* einnehmen oder ähnlich wie traditionelle Medien moralische Obligationen schaffen könnten.[50] Dieser Pluralismus wird von manchen zwar nicht per se als demokratiegefährdend bewertet,[51] Kritiker befürchten jedoch, dass sich durch den *beschleunigten Pluralismus*[52] im Netz negative Wirkungen stärker entfalten könnten: Aus einer netzkritischen Perspektive heraus beschreibt Lovink Blogging als eine nihilistische, selbstbezogene und zynische Kultur, die weniger den Gemeinschaftsgedanken als vielmehr die Idee des Selbstmanagements in der Vordergrund stelle.[53] Ferner diagnostiziert Sunstein im World Wide Web eine Fragmentierung von Öffentlichkeit, welche zu einer Balkanisierung und Polarisierung politischer Standpunkte und Gruppen führe. So genannte deliberative Enklaven, Informationskokons und *echo chambers* im Internet werden von Sunstein – ausgehend von Vorstellungen deliberativer Demokratie und Öffentlichkeit – als gravierendes Problem für westliche Demokratien bewertet.[54]

An dieser Diagnose setzt die Kritik Dahlbergs an, welcher unter Rückgriff auf postmarxistische Diskurstheorie für einen radikalisierten Ansatz deliberativer Öffentlichkeit plädiert und so den demokratischen Implikationen von Onlineguppen

---

48   Z.B. Dahlberg: „The Corporate Colonization of Online Attention and the Marginalization of Critical Communication?".
49   Habermas: „Hat die Demokratie noch eine epistemische Dimension?", S. 161f.
50   Splichal: „In search of a strong European public sphere", S. 703.
51   Siehe Abschnitt „Europäische Öffentlichkeit als Netzwerköffentlichkeit".
52   Bimber: „The internet and political transformation".
53   Lovink: Zero Comments.
54   Sunstein: Republic 2.0.

Gleichgesinnter nachzuspüren versucht. Der Tatsache von asymmetrischen Machtbeziehungen Rechnung tragend ist für ihn nicht mehr die Frage zentral, ob Online-Deliberation zwischen unterschiedlich positionierten Individuen stattfindet, sondern inwiefern das Internet die Entwicklung und Expansion von Gegendiskursen sowie die Auseinandersetzung innerhalb und zwischen den (Gegen-)Diskursen fördert. Die Frage nach der Effektivität der Gegenöffentlichkeiten im Sinne des Einflusses auf den dominanten Diskurs lässt er dabei unbeantwortet.[55] Auch Castells sieht in zivilgesellschaftlichen Akteuren und deren Kommunikation Potenzial für die Formulierung von Gegendiskursen angelegt. So wie er die Europäische Union als Netzwerkstaat mit sogenannten Machtknoten, aber ohne Zentrum, beschreibt, entwirft er eine korrespondierende Netzwerköffentlichkeit, welche sich als *informational politics* der neuen Informations- und Kommunikationstechnologie bediene, sich aus polyzentrischen Knoten der sozialen Bewegungen konstituiere und kommunikative Kraft entwickeln könne.[56] In ähnlicher Weise schreibt auch Bohman zivilgesellschaftlichen Akteuren das Potenzial zu, Prozesse und Momente des Konnektierenden zu schaffen. Aus einer diskurstheoretischen Perspektive bedarf es, so Bohman, der reflexiven und vermittelnden Tätigkeit zivilgesellschaftlicher Organisationen, um *netzöffentliche* Räume zu konstituieren und dadurch einer Privatisierung und Individualisierung der User entgegenzuwirken. Für diese Intermediärsleistung sei es konstitutiv, dass die geschaffenen netzöffentlichen Räume sich durch freien, offenen und responsiven Dialog auszeichnen. Zivilgesellschaftlichen Assoziationen und Akteuren kommt dabei die Funktion zu, als Bereitsteller der *institutionellen Software* zu fungieren, „which socializes the commons and makes it a public space."[57] Als Beispiel führt er die Proteste gegen das *Multilateral Agreement on Investment* an, welche die potenzielle kritische, kommunikative Kraft der Netzwerköffentlichkeiten zeigen würden.[58] Allerdings räumt er ein, dass gegenwärtig diese Öffentlichkeiten *weak publics* seien, welche erst zu *strong publics* durch institutionalisierte Entscheidungsprozesse mit regulierten Möglichkeiten des Inputs werden könnten.[59] Dagegen sieht Benkler nicht in der institutionellen Einbettung das entscheidende Moment, sondern hebt Filtermechanismen des World Wide Web hervor, welche durch die Clusterbildung von Interessengemeinschaften entstünden:

> It [the internet communication; J.N.] appears to have developed a structure that allows for this enormous capture basin to be filtered,

---

55 Dahlberg: „Rethinking the fragmentation of the cyberpublic".
56 Castells: Jahrtausendwende.
57 Bohman: Democracy across borders, S. 80f.
58 Ebd.; S. 78. In ihrer Analyse der Anti-MAI-Kampagne ziehen auch Smith/Smythe das Fazit: „In essence the Internet helped to break the information monopoly enjoyed by business, government leaders, and OECD officials." (Smith/Smythe: „Globalization, citizenship and technology", S. 200).
59 Bohman: Democracy across borders, S. 83.

synthesized, and made part of a polity-wide discourse. This nested structure of clusters of communities of interest, typified by steadily increasing visibility of superstar nodes, allows for both the filtering and salience to climb up the hierarchy of clusters, but offers sufficient redundant paths and interlinking to avoid the creation of a small set of points of control where power can be either directly exercised or bought.[60]

INWIEFERN SIND DIE ÖFFENTLICHKEITEN AN DIE POLITISCHEN ENTSCHEIDUNGSPROZESSE GEKOPPELT?

In der rezenten Literatur wird weniger diskutiert, wie Akteure des politischen Zentrums Internetöffentlichkeit beobachten und darauf reagieren können. Vielmehr wird der direkte Kontakt zwischen Betroffenen (oft: Bürgern) und den politischen Institutionen hervorgehoben.[61] Dabei kann unterschieden werden zwischen vertikaler Kommunikation, welche Responsivität sowie Accountability der politischen Institutionen verbessern würde, und Formen direkter Partizipation, wie Onlinekonsultationen und *Deliberative Polling®*[62] (Fishkin).[63] Hinsichtlich Formen vertikaler Kommunikation sieht die Europäische Kommission selbst das Internet als zentrales Medium, um Informationen bereitzustellen und kommunikativen Austausch zu fördern:

> Information und Kommunikationstechnologie haben eine wichtige Rolle zu spielen. Entsprechend wird sich die Website EUROPA der EU zu einer interaktiven Plattform für Information, Feedback und

---

60 Benkler: The Wealth of Networks, S. 260.

61 Für einen Überblick siehe Gibson u.a.: „Introduction", S. 6-10.

62 Hierbei wird eine zufällige repräsentative Auswahl einer bestimmten Bevölkerung in einem ersten Schritt zu bestimmten Themen befragt. In einem zweiten Schritt werden die Mitglieder dieser ausgewählten Gruppe zusammengebracht, um zu diesen bereits in der Umfrage vorgestellten Themen zusammen und mit Experten und Politikern zu diskutieren. Vorher wird ihnen ausgewähltes Informationsmaterial zugesandt, welches auch öffentlich zugänglich gemacht wird. In einem dritten Schritt wird den einzelnen Teilnehmern wieder die Frage der ersten Umfrage gestellt. Meinungsänderungen, welche sich zwischen den beiden Umfragen ergeben haben, stellen dann die Schlüsse dar, zu welchen Öffentlichkeiten gelangen würden, wenn sie die Chance hätten, sich intensiv und informiert mit den Themen auseinandersetzen (Fishkin: „Deliberative Polling®").

63 Im europäischen Kontext wurde vom *Center for Deliberative Democracy* an der Stanford University u.a. im Auftrag des Think Tank *Notre Europe* zur Frage nach der Zukunft der Europäischen Union bereits offline Deliberative Polling® durchgeführt, welches unter http://www.tomorrowseurope.eu online begleitet wurde; auch wurden Fragen in diesem Kontext in einer Online-Debatte diskutiert. Hierfür kooperierten Organisatoren mit dem kommerziellen Anbieter *yahoo answers*.

Debatten entwickeln, die parallele Netzwerke unionsweit miteinander verknüpft.[64]

Auch im *Plan D* bewertet die Europäische Kommission das Internet als ein wichtiges öffentliches Forum der Diskussion und sieht sich selbst in der Rolle des Moderators (nicht des Dialogpartners!):

> Die Erfahrung zeigt zunehmend, dass das Internet ein wichtiges Forum der politischen Debatte geworden ist. Wenn die Kommission eine wichtige Rolle bei der Moderation der Diskussionen über die Zukunft Europas spielen will, sollte sie die Möglichkeiten aller interaktiven Kommunikationsmittel, die diese Debatte erleichtern können, ausprobieren.
>
> Die Kommission nutzt die modernste Internet-Technik, um ihre Politik aktiv zu diskutieren und zu vertreten. Das Internet ist ein wichtiges meinungsbildendes Diskussionsforum geworden.[65]

An dieser Stelle bleibt jedoch die Frage nach der Einbindung dieser Diskussion in politische Entscheidungsprozesse offen, so dass eher von *weak publics* gesprochen werden kann, wie die Initiative *Debate Europe* – ein Onlinediskussionsforum, in welchem sich Bürger untereinander und mit Mitarbeitern der europäischen Institutionen austauschen können – exemplarisch zeigt. So heißt es auf der Website des Onlinediskussionsforums lediglich, dass die Kommission das Forum, nutzen will „[...] um die öffentliche Meinung zu sondieren"[66]. Hinsichtlich der zweiten Form der Rückkopplung von Öffentlichkeit, welche öffentliche Kommunikation stärker in institutionalisierte Entscheidungsprozesse einbindet und *strong publics* fördert, wird in der Literatur gegenwärtig in einem vorgelagerten Schritt eine demokratische Reform der Europäischen Union als Voraussetzung gefordert. Bereits bestehende Methoden, welche online auf den Websites der Kommission begleitet werden, werden des Weiteren kritisch diskutiert. Beispielsweise wird an der Methode der offenen Koordinierung[67] der fehlende öffentliche Charakter

---

64 Kommission der Europäischen Gemeinschaften: „Europäisches Regieren", S. 15.

65 Kommission der Europäischen Gemeinschaften: „Der Beitrag der Kommission in der Zeit der Reflexion und danach", S. 13.

66 Kommission der Europäischen Gemeinschaften: „Über die Website ‚Debate Europe'".

67 Die Methode der offenen Koordinierung wurde im Kontext der Initiativen zur Europäischen Beschäftigungsstrategie in den 1990er Jahren entwickelt und erstmals vom Europäischen Rat von Lissabon im März 2000 formuliert. Die Methode zielt auf freiwillige Kooperation der EU-Mitgliedsstaaten in verschiedenen Politikfeldern wie etwa Beschäftigung und soziale Integration, Informationsgesellschaft, Forschung, Bildung sowie Wirtschafts- und Gesundheitspolitik. Nach der Vereinbarung gemeinsamer Ziele und Leitlinien für den jeweiligen Politikbereich wird die Umsetzung den Mitgliedstaaten selbst überlassen, wobei im Sinne eines Benchmarking regelmäßig die erreichten Fortschritten kontrolliert, verglichen und gemeinsam reflektiert werden. Bei der Methode der offenen

sowie die fehlende Kontrolle durch das Europäische Parlament moniert.[68] So zentral die Frage nach der Rückkopplung der Öffentlichkeit für die normative Legitimität aus der Sicht deliberativer Demokratietheorie ist, so groß erscheint sie zum gegenwärtigen Zeitpunkt als Problem im europäischen und transnationalen Kontext.

3 DIE ÖFFENTLICHKEIT(EN) UND IHRE PROBLEME 2.0?

Fraser selbst hat darauf aufmerksam gemacht, dass Bedingungen, welche gleichen Zugang und partizipatorische Parität ermöglichen, in liberalen Demokratien kaum in voller Qualität existieren können, da es sich um ideale Bedingungen handele.[69] Weiter betrifft die Frage der normativen Legitimität sowohl die Herausbildung öffentlicher Meinungen, welche den Willen der Betroffenen ausdrücken sollen, als auch die Frage nach der Rückkopplung eben dieser. Während hier das Internet eine geeignete Infrastruktur zu bieten scheint, da es durch dessen Netzwerkarchitektur möglich ist, auf verschiedenen Ebenen der Öffentlichkeit an das Multi-Level-Governance-System der Europäischen Union zurückzukoppeln, scheint der neuralgische Punkt sowohl der Debatte um Internetöffentlichkeit als auch der Diskussion europäischer Öffentlichkeit zu sein, ob und wie *interpublic relations* gedacht werden können, damit sich kommunikative Kraft effektiv entfalten kann. Dabei erinnern beide Debatten an die Auseinandersetzung zwischen Lippmann und Dewey, in welcher der Abschied von der direkten Demokratie, welche sich unmittelbar in lokalen Öffentlichkeiten konstituiert, mit unterschiedlichen Perspektiven verbunden wurde. Ausgehend von der Diagnose, dass eine komplexe *Great Society* entstanden sei, sieht Lippmann Öffentlichkeit nur noch als Phantom, in welcher ein von den Eliten fingierter Konsens fabriziert wird.[70] Dagegen skizziert Dewey zwar auch den Wandel vom Agrarstaat zur Industrienation als einen Verfall, als Entpolitisierung und Fragmentierung von Öffentlichkeit in zahlreiche partikulare Öffentlichkeiten, schließt dieser düsteren Diagnose, dass es zu viele diffuse Öffentlichkeiten gebe, jedoch noch ein Empfehlung an: Die *Great Society* müsse sich in eine *Great Community* verwandeln. Hierzu sei es neben der Föderalisierung des politischen Systems nötig, dass sich lokale Gemeinschaften als vitale Knoten demokratischen Lebens wieder herstellen würden, damit sich Öffentlichkeit über die Wahrnehmung indirekter Folgen selbst identifizieren könne. Öffentlichkeit nimmt für Dewey dabei ihren Ausgangspunkt in der Tatsache, dass

---

Koordinierung sollen sämtliche Akteure der nationalen Politik einbezogen werden, wobei die Gemeinschaftsebene die Instrumente zur Politiküberwachung und Bewertung von Aktionen bereitstellt. Zudem ist dabei vorgesehen, Akteure der Zivilgesellschaft in den Prozess miteinzubeziehen.

68 Z.B. Bohman: Democracy across Borders, S. 159; 164.
69 Fraser: „Rethinking the Public Sphere".
70 Lippmann: The Public Opinion.

> [...] menschliche Handlungen Folgen für andere haben, daß einige
> dieser Folgen wahrgenommen werden und daß ihre Wahrnehmung zu
> dem anschließenden Bestreben führt, die Handlung zu kontrollieren,
> um einige der Folgen zu sichern und andere zu vermeiden.[71]

Durch die Fokussierung auf indirekte Folgen und die kommunikativen Handlungen der davon Betroffenen eröffnet Dewey bereits 1927 einen transnationalen Blick und dies, obwohl die Zeit, in welcher er seine Gedanken formulierte, durch große zwischenstaatliche Konflikte geprägt war. So sind für ihn Öffentlichkeiten ausdifferenziert in zahlreiche Teilöffentlichkeiten, welche – und das ist der springende Punkt – über die Ebenen des Sozialen und des Politischen miteinander verknüpft sind. Öffentlichkeit wurzelt für ihn in der lokalen Ebene, in der Dialog und Erfahrung als Kern demokratischen Zusammenlebens möglich sei, und konstituiere sich aus Interaktionszusammenhängen dieser dezentralen, lokalen Problemlösungsgemeinschaften. Der Gemeinschaftsbegriff umfasst bei Dewey somit weniger Formen politischer Vergemeinschaftung, welche sich am Horizont geteilter Wertüberzeugungen vollziehen, sondern stellt das Zusammenwirken der verschiedenen Öffentlichkeiten in den Vordergrund: die kommunikative Verknüpfung der demokratischen *Experimentiergemeinschaften* zu einer translokalen *Great Community*.

Ähnlich wie Bohman es in seinem Theorievorschlag einer *Democracy across borders* bereits unternommen hat, gilt es nun, legt man Deweys Idee translokaler Konnektivität zugrunde, theoretisch und empirisch zu fragen, inwiefern virtualisierte *issue publics* lokale Gemeinschaften des Dialogs und der Erfahrung konstituieren und wie diese zweitens translokal über Online- und/oder Online/Offlinekonnektivitäten verknüpft sind. Betrachtet man *virtualisierte issue publics* als Kern europäischen demokratischen Zusammenlebens, ist es wichtig, dass diese an ein unabgeschlossenes *Publikum* adressiert sind. Anderseits müssen diesen *publics* zugleich einen Raum bieten, welcher den Spezifika der jeweiligen lokalen Gemeinschaft entspricht. Wie die Diskussion der Frage, inwiefern Online-Kommunikation Kommunikation unter Gleichen ist, gezeigt hat, ist es wichtig, dass diese Räume spezifische soziale und kulturelle Sprachstile ermöglichen. Auf der konkreten Ebene des Designing schlägt Boyd für (trans-)lokale Gemeinschaften vor:

> 1) Empower users. Give them the ability to personalize and culturalize their spaces online. Let people create the contexts in which their expressions can occur so that they can help set and regulate the norms. This means everything from hackable HTML to open APIs to open source code that can spiral everywhere.
>
> 2) Provide the cultural environment where people can accidentally connect with strangers over meaningful things without being forced to

---

71 Dewey: Die Öffentlichkeit und ihre Probleme, S. 26f.

face everyone on the system. Let users privatize or wall off access to only certain people for their own needs. Let users see the values of being public. [...]

3) Empower individual users to be cultural spokespeople. Give them the ability to modify the system for their communities and cultural needs. Again, this means openness of software or providing richer platforms to develop on top of.[72]

Öffentlichkeit ist für Dewey ein Ort des Lernens mit moralischer und epistemischer Qualität, der translokal angelegt ist. Europäische Öffentlichkeit im Internet als Vernetzung verschiedener distribuierter lokaler Gemeinschaften setzt mit Dewey dabei nicht voraus, dass wir „europäische Menschen" werden. Er erinnert uns daran, dass *verteilte* Öffentlichkeiten nicht geteilte Sphären sind, sondern durch die fortlaufende Interaktion zwischen den verschiedenen Öffentlichkeiten und den mit ihnen korrespondierenden politischen Institutionen verbunden werden *können*.

LITERATURVERZEICHNIS

Abromeit, Heidrun: „Möglichkeiten und Ausgestaltungen einer europäischen Demokratie", in: Klein, Ansgar u.a.: Bürgerschaft, Öffentlichkeit und Demokratie in Europa, Opladen 2003, S. 31-54.

Adam, Silke: Symbolische Netzwerke in Europa. Der Einfluss der nationalen Ebene auf europäische Öffentlichkeit. Deutschland und Frankreich im Vergleich, Köln 2007.

Barney, Darin: The Network Society, Cambridge, MA 2004.

Benkler, Yochai: The Wealth of Networks. How Social Production Transforms Markets and Freedom, New Haven, CT/London 2006.

Bennett, W. Lance: „Changing Citizenship in the Digital Age", in: ders. (Hrsg.): Civic Life Online: Learning How Digital Media Can Engage Youth, Cambridge, MA 2008, S. 1-24.

Berkel, Barbara: Konflikt als Motor europäischer Öffentlichkeit, Wiesbaden 2006.

Bimber, Bruce: „The Internet and Political Transformation: Populism, Community and Accelarated Pluralism", in: Polity, Jg. 31, Nr. 1, 1998, S. 133-160.

Bohman, James: Democracy Across Borders. From Demos to Demoi, Cambridge, MA/London 2007.

Boyd, Danah: „G/localization: When Global Information and Local Interaction Collide", O'Reilly Emerging Technology Conference, San Diego, CA, 06.03.2006, http://www.danah.org/papers/talks/Etech2006.html, 02.06.2008.

---

72 Boyd: „G/localization".

Brüggemann, Michael u.a.: „Segmented Europeanization. The Transnationalization of Public Spheres in Europe: Trends and Patterns", in: Transtate Working Papers, Nr. 37, 2006.

Castells, Manuel: „Der Aufstieg der Netzwerkgesellschaft". Das Informationszeitalter, Bd. 1, Opladen 2003.

Castells, Manuel: „Jahrtausendwende". Das Informationszeitalter, Bd. 3, Opladen 2003.

Cooke, Louise: „Controlling the Net: European Approaches to Content and Access Regulation", in: Journal of Information Science, Jg. 33, Nr. 3, 2007, S. 360-376.

Dahlberg, Lincoln: „Computer-Mediated Communication and The Public Sphere: A Critical Analysis", in: Journal of Computer-Mediated Communication, Jg. 7, Nr. 2, 2001, http://jcmc.indiana.edu/vol7/issue1/dahlberg.html, 15.07.2008.

Dahlberg, Lincoln: „The Corporate Colonization of Online Attention and the Marginalization of Critical Communication?", in: Journal of Communication Inquiry, Jg. 29, Nr. 2, 2005, S. 160-180.

Dahlberg, Lincoln: „Rethinking the Fragmentation of the Cyberpublic: From Consensus to Contestation", in: New Media & Society, Jg. 9, Nr. 5, 2007, S. 827-847.

Dewey, John: Die Öffentlichkeit und ihre Probleme [1927], Darmstadt 1996.

Deutscher Bundestag: „Schlussbericht der Enquete-Kommission ‚Globalisierung der Weltwirtschaft – Herausforderungen und Antworten'", 2002, http://dip.bundestag.de/btd/14/092/1409200.pdf, 18.07.2008.

Eder, Klaus/Kantner, Cathleen: „Transnationale Resonanzstrukturen in Europa. Eine Kritik der Rede vom Öffentlichkeitsdefizit", in: Kölner Zeitschrift für Soziologie und Sozialpsychologie, „Die Europäisierung nationaler Gesellschaften", hrsg. v. Maurizio Bach, Sonderheft 40, 2000, S. 306-331.

Emmer, Martin/Vowe, Gerhard: „Mobilisierung durch das Internet? Ergebnisse einer empirischen Längsschnittuntersuchung zum Einfluss des Internets auf die politische Kommunikation der Bürger", in: Politische Vierteljahresschrift, Jg. 45, Nr. 2, 2004, S. 191-212.

Eriksen, Erik O.: „Conceptualising European Public Spheres. General, Segmented and Strong Publics", in: Fossum, John Erik/Schlesinger, Philip (Hrsg.): The European Union and the Public Sphere. Communicative Space in the Making, London/New York 2007, S. 23-43.

Fishkin, James S.: „Deliberative Polling®. Toward a Better-Informed Democracy", o.D., http://cdd.stanford.edu/polls/docs/summary, 19.07.2008.

Fossum, John Erik/Schlesinger, Philip: „The European Union and the Public Sphere. Communicative Space in the Making?", in: dies. (Hrsg.): The European Union and the Public Sphere. Communicative Space in the Making?, London/New York 2007, S. 1-22.

Fraser, Nancy: „Transnationalizing the Public Sphere", http://www.republicart.net/disc/publicum/fraser01_en.pdf, 23.04.2008.

Fraser, Nancy: „Die Transnationalisierung der Öffentlichkeit. Legitimität und Effektivität der öffentlichen Meinung in der postwestfälischen Welt", in: Niesen, Peter/Herborth, Benjamin (Hrsg.): Anarchie der kommunikativen Freiheit. Jürgen Habermas und die Theorie der internationalen Politik, Frankfurt a.M. 2007, S. 224-253.

Fraser, Nancy: „Rethinking the Public Sphere: A Contribution to the Critique of Actually Existing Democracy", in: Calhoun, Craig (Hrsg.): Habermas and the Public Sphere, Cambridge, MA 1992.

Gibson, Rachel u.a.: „Introduction. Representative Democracy and the Internet", in: dies. u.a. (Hrsg.): Electronic Democracy. Mobilisation, Organisation and Participation via New ICTs, London/New York 2004, S. 1-16.

Habermas, Jürgen: „Europapolitik in der Sackgasse. Plädoyer für eine Politik der abgestuften Integration", in: ders.: Ach, Europa, Frankfurt a.M 2008, S. 96-127.

Habermas, Jürgen: „Hat die Demokratie noch eine epistemische Dimension? Empirische Forschung und normative Theorie", in: ders.: Ach, Europa, Frankfurt a.M. 2008, S. 138-191.

Habermas, Jürgen: „Braucht Europa eine Verfassung? Eine Bemerkung zu Dieter Grimm", in: ders.: Die Einbeziehung des Anderen, Frankfurt a.M. 1999, S. 185-191.

Habermas, Jürgen: Faktizität und Geltung. Beiträge zur Diskurstheorie des Rechts und des demokratischen Rechtsstaats, Frankfurt a.M. 1998.

Hepp, Andreas: Netzwerke der Medien. Medienkulturen und Globalisierung, Wiesbaden 2004.

Klaus, Elisabeth: „Von der Beschränktheit unserer Öffentlichkeitstheorien im europäischen Kontext", in: Langenbucher, Wolfgang R./Latzer, Michael (Hrsg.): Europäische Öffentlichkeit und medialer Wandel, Wiesbaden 2006, S. 93-106.

Kommission der Europäischen Gemeinschaften: „eInclusion Revisited: The Local Dimension of the Information Society", Commission Staff Working Document, Dokumentennr.: SEC(2005) 206, Brüssel, 04.02.2005.

Kommission der Europäischen Gemeinschaften: „Der Beitrag der Kommission in der Zeit der Reflexion und danach: Plan D für Demokratie, Dialog und Diskussion", Dokumentennr. KOM(2001) 494, Brüssel 13.10.2004.

Kommission der Europäischen Gemeinschaften: „Europäisches Regieren. Ein Weißbuch", Dokumentennr. KOM(2001) 428, Brüssel 25.07.2001.

Kommission der Europäischen Gemeinschaften: „Über die Website ‚Debate Europe'", http://europa.eu/debateeurope/about/index_de.htm, 16.07.2008.

Koopmans, Ruud/Zimmermann, Ann: „Visibility and Communication Networks on the Internet: The Role of Search Engines and Hyperlinks", in: de Vreese, Claes/Schmitt, Hermann (Hrsg.): A European Public Sphere: How Much of It Do we Have and How Much Do We Need?, Connex Report Series Nr. 02, Mannheim 2007, S. 213-264.

Latzer, Michael/Saurwein, Florian: „Europäisierung durch Medien: Ansätze und Erkenntnisse der Öffentlichkeitsforschung", in: Langenbucher, Wolfgang R./Latzer, Michael (Hrsg.): Europäische Öffentlichkeit und medialer Wandel, Wiesbaden 2006, S. 10-44.

Lippmann, Walter: Public Opinion [1922], New York 1965.

Lovink, Geert: Zero Comments: Blogging and Critical Internet Culture, London 2007.

Niesen, Peter/Herborth, Benjamin (Hrsg.): Anarchie der kommunikativen Freiheit. Jürgen Habermas und die Theorie der internationalen Politik, Frankfurt a.M. 2007.

Norris, Pippa: Digital Divide: Civic Engagement, Information Poverty and the Internet Worldwide, Cambridge, MA 2001.

Schmalz-Bruns, Rainer: „Demokratisierung der Europäischen Union – oder: Europäisierung der Demokratie? Überlegungen zur Zukunft der Demokratie jenseits des Nationalstaates", ARENA Working Papers Nr. 38, 2002, http://www.arena.uio.no/events/papers/SBruns.pdf, 02.08.2008.

Selchow, Sabine: „Language and ‚Global' Politics: De-Naturalising the ‚Global', in: Albrow, Martin u.a. (Hrsg.): Global Civil Society 2007/2008. Communicative Power and Democracy, London/New York 2008, S. 224-243.

Smith, Peter J./Smythe, Elizabeth: „Globalization, Citizenship and Technology: The Multilateral Agreement on Investment Meets the Internet", in: Webster, Frank (Hrsg.): Culture and Politics in the Information Age: A New Politics?, London 2001, S. 183-206.

Splichal, Slavko: „In Search of a Strong European Public Sphere: Some Critical Observations on Conceptualizations of Publicness and the (European) Public Sphere", in: Media, Culture & Society, Jg. 28, Nr. 5, 2006, S. 695-714.

Sunstein, Cass: Republic.com 2.0, Princeton, NJ 2007.

TNS Opinion & Social für die Europäische Kommission: „Eurobarometer 67: Die öffentliche Meinung in der Europäischen Union", http://ec.europa.eu/public_opinion/archives/eb/eb67/eb67_de.pdf, 17.07.2008.

TNS Opinion & Social für die Europäische Kommission: „Eurobarometer Spezial 293: E-Communications Haushaltsumfrage", 2008, http://ec.europa.eu/public_opinion/archives/ebs/ebs_293_full_de.pdf, 17.07.2008.

Wessler, Hartmut: „Europa als Kommunikationsnetzwerk. Theoretische Überlegungen zur Europäisierung von Öffentlichkeit", in: Hagen, Lutz M. (Hrsg.): Europäische Union und mediale Öffentlichkeit, Köln 2004, S. 13-28.

Wodak, Ruth/Wright, Scott: „The European Union in Cyberspace: Democratic Participation via Online Multilingual Discussion Boards", in: Danet, Brenda/Herring, Susan C. (Hrsg.): The Multilingual Internet. Language, Culture, and Online Communication, Oxford/New York 2007, S. 385-407.

Wright, Scott/Street, John: „Democracy, Deliberation and Design: The Case of Online Discussion Forums", in: New Media Society, Jg. 9, Nr. 5, 2007, S. 849-869.

Young, Marion: „Communication and the Other: Beyond Deliberative Democracy", in: Benhabib, Seyla (Hrsg.): Democracy and Difference: Contesting the Boundaries of the Political, Princeton, NJ 1996, S. 120-135.

Zimmermann, Ann u.a: Political Communication on the Internet. Part 2: Link Structure Among Political Actors in Europe, 2004, http://europub.wz-berlin.de/project%20reports.en.htm, 12.02.2008.

UNBESCHRÄNKTE ÖFFENTLICHKEIT?
Einflüsse und Barrieren bei der Nutzung und Produktion von Webinhalten

VON KRISTINA ENDERS, VERENA REUTER UND SANDRA STAHL

Die Entwicklung des Web 2.0 als so genanntes „Mitmach-Web" hat eine ganz eigene Euphorie hervorgebracht: Theoretisch steht jetzt jedem die Möglichkeit offen, mit der Produktion eigener Inhalte an gesellschaftlicher Öffentlichkeit zu partizipieren und damit zugleich zur Herstellung dieser Öffentlichkeit beizutragen. Doch faktisch geschieht dies längst nicht uneingeschränkt, denn nicht jeder, der Zugang zu einem internetfähigen PC hat, wird auch als Produzent eigener Webinhalte aktiv. Doch welche Einflüsse und Barrieren stehen der Nutzung und Produktion von Webinhalten entgegen? Bevor dieser Frage differenzierter nachgegangen wird, zunächst einige Ausführungen zu dem Öffentlichkeitsbegriff, der den folgenden Überlegungen zugrunde liegt.

Horst Pöttker macht in der Einleitung dieses Heftes deutlich, dass der Begriff Öffentlichkeit stets auf die „Sphäre gesellschaftlicher Kommunikation" abzielt.[1] Öffentlichkeit sei als ein *Prinzip* zu verstehen, und zwar als ein *Prinzip unbeschränkter gesellschaftlicher Kommunikation*, wobei gelte: „Was öffentlich ist, ist der Wahrnehmung jedes Menschen zugänglich."[2] In einer solchen Kommunikationsweise hätten alle zum einen freien Zugang zu den für sie relevanten Informationen und zum anderen mit ihren „je besonderen Wahrnehmungen, Erfahrungen und Interessen freien Zutritt zu den Medien [...], und zwar sowohl als Rezipienten wie als Objekte und [...] als Produzenten der Medienberichterstattung."[3]

Realisiert ist dieses Optimum an Unbeschränktheit der gesellschaftlichen Kommunikation jedoch meistens nur in einem bestimmten Kreis von Personen, die (relativ) unbeschränkt Zugang zu Informationen haben, über die sie (relativ) unbeschränkt kommunizieren können.[4] Diese Gruppe setzt sich in der Regel aus den professionellen Journalisten der klassischen Massenmedien zusammen. Pöttker spricht daher in diesem Zusammenhang nicht nur von dem „Prinzip", sondern von dem „sozialen Gebilde" Öffentlichkeit, innerhalb dessen das Prinzip der Öffentlichkeit als unbeschränkter Kommunikation gelte. Während die klassischen Massenmedien Zeitung, Radio und Fernsehen in einer „Baumstruktur"[5] Informa-

---

1   Siehe den Beitrag von Pöttker in diesem Heft, S. 15.
2   Ebd., S. 16.
3   Ebd., S. 16-17.
4   Ebd., S. 17.
5   Ebd., S. 19.

tionen von einem zentralen Sender an viele Rezipienten verteilten, und damit dem gesamtgesellschaftlichen Prinzip Öffentlichkeit als unbeschränkter Kommunikation entgegenstünden, fordere das Internet mit seiner „Netzstruktur"[6] die professionellen Journalisten heraus, weil nun auch Laien Informationen an Einzelne oder Viele verbreiten könnten.

Während es dem Einzelnen einer Gesellschaft vielfach immer noch schwer fällt, wenn seltener als Rezipient, so doch als Objekt und insbesondere als Produzent, an den klassischen Medienformaten zu partizipieren, bietet vor allem das World Wide Web der 2. Generation, Web 2.0,[7] theoretisch jedem die Möglichkeit zur Teilnahme an einem global ausgelegten, medialen Netzwerk.[8] Im so genannten Mitmach-Web können alle Akteure aktiv werden und das Web entlang ihrer eigenen Vorstellungen hinsichtlich ihrer je besonderen Wahrnehmungen, Erfahrungen und Interessen gestalten.

So erlebt der von Alvin Toffler kreierte Begriff des „Prosumenten" in der Diskussion um das so genannte Web 2.0 oder auch Social Web eine Renaissance.[9] Das Wortgebilde umschreibt einen Verbraucher (in unserem Sinne einen Rezipienten), der selbst Produzent und Konsument zugleich ist – etwas technisches Verständnis und ein Mitteilungsbedürfnis sind dabei die grundsätzlichen Vorbedingungen, um vom Empfänger zum Sender zu werden. Aus dieser Doppelrolle des Nutzers folgt ein weiteres zentrales Element der aktuellen Internetentwicklung: Nicht nur verschwindet die klare Rollenaufteilung *Produzent-Konsument* – diese neue Offenheit kann auch erneute *Interaktion der Prosumenten* hervorbringen.

Indem die Netzstruktur des Internet alle Kommunikationsmodi bereitstellt, wird die herkömmlich mediale Konstitution des *Gebildes* Öffentlichkeit (Baumstruktur) stark geschwächt oder fällt ganz weg. Die Zutrittsbarrieren fallen. Das Potential des Internet liegt neben dem Aufbrechen des Sender-Empfänger-Modells (prinzipiell kann jeder Internetnutzer zum Medienproduzenten werden,

---

6   Ebd., S. 22.

7   Da die Begriffe in ihrer Bedeutung oft nicht eindeutig verwendet werden, sei hier eingangs klargestellt: Als weltweites Netzwerk aus vielen Rechnernetzwerken ermöglicht das Internet weltweiten Datenaustausch. Das World Wide Web wird umgangssprachlich häufig mit dem Internet gleichgesetzt, da es – anders als andere Dienste – allein über das Internet abrufbar ist: Über das Hypertext-System WWW können Daten von Webservern abgerufen und per Webbrowser auf dem Bildschirm angezeigt werden; Hyperlinks verbinden verschiedene Dokumente untereinander, ganz gleich auf welchem Webserver sie gespeichert sind, und ermöglichen so das gemeinhin als Internetsurfen bezeichnete Wandern durch ein weltweites Netz aus Webseiten. Darauf aufbauend bezeichnet das Web 2.0 eine Reihe von interaktiven und kollaborativen Elementen des Internet und insbesondere des World Wide Web: Über soziale Software, die menschlicher Kommunikation und Zusammenarbeit dienlich ist, erstellen Benutzer Inhalte selbst und tauschen sich darüber aus – etwa über Wikis, Blogs, Online-Netzwerke und Tauschbörsen, Foto- und Videoportale, Bookmark und Recommender Systeme. So wird das World Wide Web zum Social Web.

8   Vgl. Alby: Web 2.0.

9   Vgl. Toffler: Die dritte Welle.

wobei hier alle Möglichkeiten der Text-, Bild- und Tonverarbeitung zur Verfügung stehen), insbesondere in der Interaktivität, den unbeschränkten Speicherkapazitäten und dem orts- und zeitsouveränen Zugriff auf Informationen.

Beiden Annahmen – sowohl der radikalen Erweiterung des Kommunikationspotenzials, als auch der damit einhergehenden Neubestimmung des Selbstverständnisses journalistischer Professionalität – ist mehr oder weniger das Bild eines *aktiven Publikums* immanent. Denn weiterhin gilt: Nur wenn Menschen ein Interesse haben, sich in Diskussionen einzumischen und für die Gemeinschaftsbelange aktiv einzutreten, entsteht Öffentlichkeit. Um aus der Rolle des stummen Beobachters herauszutreten und freien Zutritt zur gesellschaftlichen Kommunikation (Rezeption und Produktion) zu haben, um so dem *Prinzip* Öffentlichkeit mehr Gewicht zu verleihen, bedarf es jedoch weit mehr als den technischen Zugangsvoraussetzungen (Computerausstattung/Internetzugang/Netzdichte).

Im Folgenden wollen wir daher den Prozess – vom technischen Zugang bis zur eigentlichen Produktionsleistung – differenziert darstellen, um die jeweiligen Kommunikationsbarrieren herauszuarbeiten, welche dem *Prinzip* Öffentlichkeit (als Kommunikationsweise) entgegenstehen.

1   STUFENMODELL ZUR NUTZUNG UND PRODUKTION VON WEBINHALTEN

Bis zur Produktion von Webinhalten ist es ein langer Weg, der keinesfalls geradewegs von einer vorhandenen technischen Ausstattung hin zur Produktion eigener Webinhalte führt. Stattdessen handelt es sich hier um eine Abfolge verschiedener Bedingungsfaktoren, die von einer Reihe möglicher Einschränkungen und Barrieren gekennzeichnet sind, die es zu überwinden gilt (vgl. Abb. 1). Das bloße Vorhandensein eines PCs führt noch lange nicht zu dessen Nutzung. Und selbst diejenigen, die über hohe Kompetenz im alltäglichen Umgang mit ihrem PC verfügen, betätigen sich noch lange nicht zugleich als Produzenten.

Die in Abb. 1 aufgezeigten einzelnen Stufen sind sehr eng miteinander verknüpft, sollen hier aber aus analytischen Zwecken zunächst einmal getrennt voneinander untersucht werden. Betrachtet man die einzelnen Stationen, wird deutlich, dass zwar die eine Stufe nicht zwangsläufig zur nächsten führt, jedoch die vorherige jeweils eine Voraussetzung für das Eintreten der folgenden Stufe darstellt. So ist zum Beispiel der technische Zugang eine unabdingbare Voraussetzung für alle weiteren Schritte. Der technische Zugang muss nicht ein eigener, privat zur Verfügung stehender PC mit Internetanschluss sein, sondern auch verfügbare Zugänge in einem nahegelegenen und gut erreichbaren öffentlichen Internetcafé, in Ausbildungsstätten, an Universitäten, in Jugendtreffs u.ä. stellen in diesem Sinne Zugänge dar.

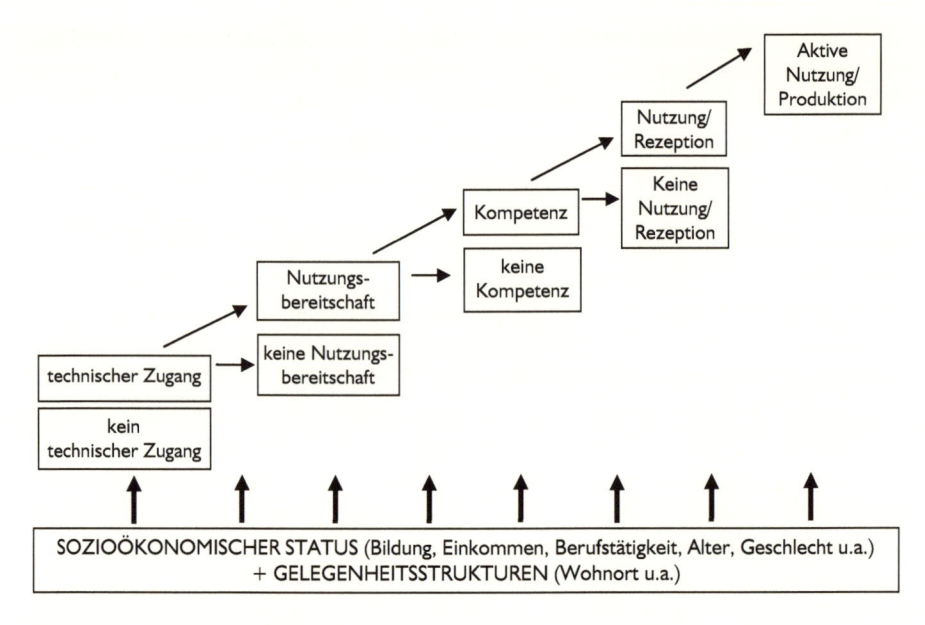

Abb. 1: Stufenmodell zur Nutzung und Produktion von Webinhalten[10]

Besonders auf der ersten Stufe, beim technischen Zugang, kommt der ökonomische Status der potentiellen Internetnutzer zum Tragen: Dieser ist zunächst einmal entscheidend für die Verfügbarkeit einer privaten PC-Ausstattung; des Weiteren sind öffentliche Internetcafés in städtischen und ländlichen Regionen und Wohngegenden ungleich verteilt - wobei Wohnregion und ökonomischer Status wiederum in verschiedener Weise zusammenhängen.

2 ONLINENUTZUNG IN ABHÄNGIGKEIT VOM TECHNISCHEN ZUGANG

Gemäß der aktuellen ARD/ZDF-Onlinestudie 2008,[11] steigt die Internetverbreitung in Deutschland gemessen seit 1997 weiter an. Derzeit sind 42,7 Millionen Erwachsene (65,8 %) online, im vergangenen Jahr waren dies noch 1,9 Millionen weniger (62,7 %). Insbesondere die 60- bis 79-Jährigen weisen hohe Zuwachsraten auf (aus dieser Altersgruppe sind inzwischen 29,2 % online).[12]

Die unterschiedliche Nutzungshäufigkeit von Männern und Frauen hat sich im Verlauf der letzten zehn Jahre weiter angeglichen, allerdings sind auch 2007 noch mehr Männer als Frauen online (69 % gegenüber 57 %; vgl. Abb. 2). Möglicherweise hängt dies damit zusammen, dass Berufstätige in den meisten Fällen auch Onlinenutzer sind und hier Männer häufiger als Frauen vertreten sind. Mit zunehmendem Alter wird das Internet laut ARD/ZDF-Onlinestudie weniger genutzt,

---

10 Eigene Darstellung.

11 Bundesweite Repräsentativstudie.

12 ARD/ZDF: „Onlinestudie 2008".

während der letzten Jahre sind jedoch gerade die über 60-Jährigen „Silver Surfer"[13] vermehrt online anzutreffen.

	1997	1998	1999	2000	2001	2002	2003	2004	2005	2006	2007
Gesamt	6,5	10,4	17,7	28,6	38,8	44,1	53,5	55,3	57,9	59,5	62,7
männlich	10,0	15,7	23,9	36,6	48,3	53,0	62,6	64,2	67,5	67,3	68,9
weiblich	3,3	5,6	11,7	21,3	30,1	36,0	45,2	47,3	49,1	52,4	56,9
14-19 Jahre	6,3	15,6	30,0	48,5	67,4	76,9	92,1	94,7	95,7	97,3	95,8
20-29 Jahre	13,0	20,7	33,0	54,6	65,5	80,3	81,9	82,8	85,3	87,3	94,3
30-39 Jahre	12,4	18,9	24,5	41,1	50,3	65,6	73,1	75,9	79,9	80,6	81,9
40-49 Jahre	7,7	11,1	19,6	32,2	49,3	47,8	67,4	69,9	71,0	72,0	73,8
50-59 Jahre	3,0	4,4	15,1	22,1	32,2	35,4	48,8	52,7	56,5	60,0	64,2
60 Jahre u. älter	0,2	0,8	1,9	4,4	8,1	7,8	13,3	14,5	18,4	20,3	25,1
in Ausbildung	15,1	24,7	37,9	58,5	79,4	81,1	91,6	94,5	97,4	98,6	97,6
berufstätig	9,1	13,8	23,1	38,4	48,4	59,3	69,6	73,4	77,1	74,0	78,6
Rentner/ nicht berufstätig	0,5	1,7	4,2	6,8	14,5	14,8	21,3	22,9	26,3	28,3	32,0

Abb. 2: Entwicklung der Onlinenutzung in Deutschland 1997 bis 2007 (gelegentliche Onlinenutzung, Angaben in %), Basis: Onlinenutzer ab 14 Jahre in Deutschland (2007: n=1142, 2006: n=1084, 2005: n= 1075, 2004: n=1002, 2003: n=1046, 2002: n=1011, 2001: n=1001, 2000: n=1005, 1999: n=1002, 1998: n=1006, 1997: n=1003)[14]

In den meisten Fällen wird das Internet für das Versenden und Empfangen von E-Mails und dem gezielten Suchen nach Informationen verwendet (79 % bzw. 76 %).[15] Um jedoch die umfassenden und vielfältigen Angebote des Internet in vollem Umfang nutzen und damit auch als Produzent tätig sein zu können, ist ein – möglichst kostengünstiger – Zugang zu einer schnellen und leistungsfähigen Breitband-Internetverbindung (DSL u.ä.) unerlässlich. Zwar besteht heute bereits für mehr als 98 Prozent der deutschen Haushalte die Möglichkeit, einen Breitbandanschluss zu nutzen (ca. 50 % aller Haushalte verfügen auch tatsächlich über einen solchen Anschluss; dies sind 70 % der Onlinenutzer[16]), der dünn besiedelte ländliche Raum ist jedoch noch unterversorgt: Für ca. 730.000 Haushalte in 600 Gemeinden ist kein Breitbandanschluss verfügbar und weitere 5 bis 7 Prozent der Haushalte besitzen nur einen eingeschränkten Breitbandzugang.[17] Das Bundesmi-

---

13 ARD/ZDF: „Onlinestudie 2008".
14 van Eimeren/Frees 2007: „ARD/ZDF-Online-Studie 2007", S. 364.
15 van Eimeren/Frees 2007: „ARD/ZDF-Online-Studie 2007", S. 370.
16 ARD/ZDF: „Onlinestudie 2008".
17 Bundesministerium für Wirtschaft und Technologie: „Flächendeckende Breitbandversorgung".

KRISTINA ENDERS, VERENA REUTER UND SANDRA STAHL

nisterium für Wirtschaft und Technologie verfolgt daher im Augenblick intensive Bemühungen, diese Versorgungslücken zu schließen und bezeichnet dies sogar als „Schlüsselinfrastruktur", die jedem Unternehmen und jedem privaten Internetnutzer überall in Deutschland zur Verfügung stehen sollte. Anfang 2008 hat das BMWi sechs Pilotprojekte gestartet, um konkrete Lösungen zur Schließung von Breitbandlücken zu finden. Darüber hinaus gibt es zu diesem Zweck eine Reihe weiterer Aktivitäten. Hierzu zählt u.a. ein „Breitbandatlas", der Auskunft gibt über die Verfügbarkeit verschiedener Techniken in Deutschland (vgl. Abb. 3), Best-practice-Beispiele verschiedener Orte und Gemeinden sowie Hilfen für Kommunen zur Förderung und staatlichen Finanzierungsmöglichkeit. Zur Bündelung dieser Aktivitäten wurde ein Internetportal erstellt (Breitbandportal des Wirtschaftsministeriums: http://www.zukunft-breitband.de).

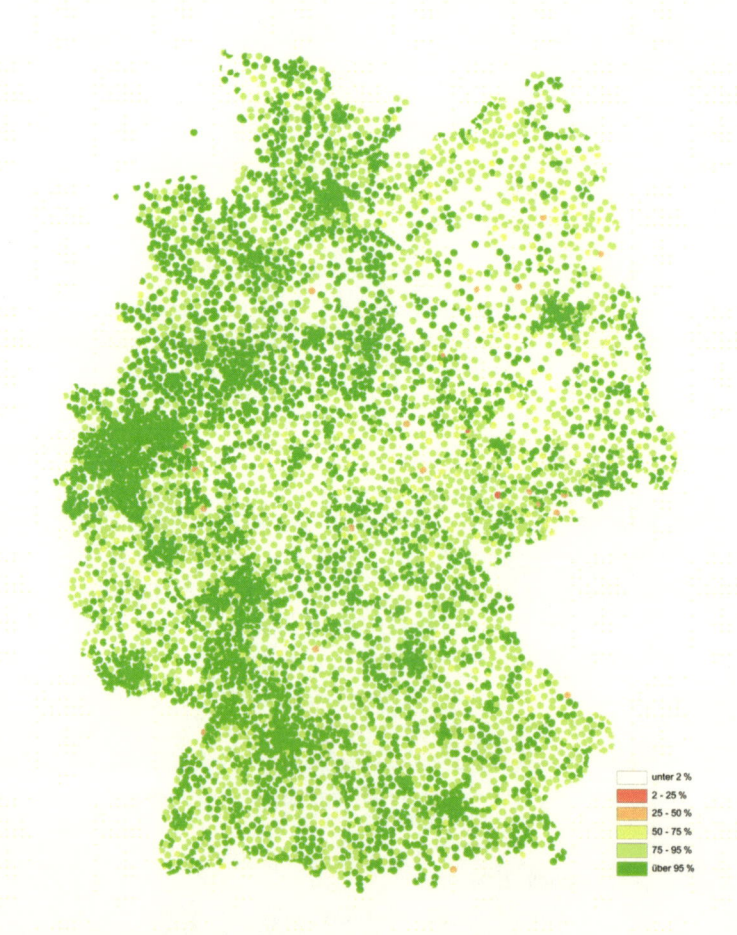

Abb. 3: DSL-Verfügbarkeit in Deutschland (Stand: 01.01.2008)[18]

---

18 Bundesministerium für Wirtschaft und Technologie: „DSL-Verfügbarkeit Deutschland".

3 BARRIEREFREIHEIT

Ein geeigneter technischer Zugang – beispielsweise in Form eines Breitbandanschlusses – ist aber noch kein Garant dafür, das Internet uneingeschränkt nutzen zu können. Nicht nur Menschen mit körperlichen oder geistigen Behinderungen stellt die Internetnutzung vor besondere Herausforderungen – dies gilt insbesondere für Web 2.0 Anwendungen, die dynamisch aufbereitet und auf Interaktivität angelegt sind. Blinde und Sehbehinderte benötigen eine spezielle Software, die ihnen die Texte vorliest oder in Braille-Schrift ausgibt. Hierfür sind aber nicht nur geeignete Soft- und Hardware nötig, die Webseiten müssen bereits in ihrem Aufbau für diese Techniken kompatible Kriterien erfüllen. Darüber hinaus sollten für sehschwache oder ältere Menschen eine individuell wählbare Skalierbarkeit der Schriftgröße, starke Kontraste und klare Schriften sowie eine sinnvolle und übersichtliche Reihenfolge der einzelnen Bedienelemente gegeben sein. Für gehörlose Menschen sind zudem nur solche Webseiten barrierefrei, deren Inhalte optional in Gebärdensprache abrufbar sind, da sie die Gebärdensprache oftmals als erste Sprache erlernt haben und die Schriftsprache für sie aus diesem Grund oft eine schwer verständliche Fremdsprache darstellt (vgl. beispielhaft http://www.gebaerdenwerk.de). Für Menschen mit geistiger Behinderung ist es zudem sinnvoll, die Inhalte der Webseiten in so genannter „leichter Sprache" zu formulieren oder entsprechende Übersetzungen anzubieten (vgl. http://www.biene-award.de/award/leichte-sprache).

Zahlreiche Kriterien können also einer uneingeschränkten, barrierefreien Nutzung des Internet entgegenstehen, die dem größten Teil der Nutzer sicherlich gar nicht bewusst sind. Daher setzen sich viele Initiativen und Programme für ein barrierefreies Internet ein. Zunächst wurden diese für Menschen mit Behinderung konzipiert, haben sich aber inzwischen zu Vorreitern bei der Umsetzung technischer Standards im Internet entwickelt, denn gut verständliche und leicht zu bedienende Webseiten helfen allen Nutzern, sich zurecht zu finden und sind zugleich Voraussetzung für die Anschlussfähigkeit an neue Technologien, wie z.B. Abrufen des Internet über Handy. Beispielhaft sind hier folgende Initiativen zu nennen: die „Stiftung Digitale Chancen" (http://www.digitale-chancen.de); die Initiative „Einfach für alle" (http://www.einfach-fuer-alle.de), die viele Hinweise für die Gestaltung eines barrierefreien Webdesigns bereithält; das „Portal für ein Internet ohne Barrieren" (http://www.mehr-wert-fuer-alle.de), oder der „BIENE-Wettbewerb" der Aktion Mensch und der Stiftung Digitale Chancen (http://www.biene-award.de), der jährlich die besten deutschsprachigen barrierefreien Angebote im Internet auszeichnet (BIENE bedeutet „Barrierefreies Internet eröffnet neue Einsichten").

Selbst die öffentliche Verwaltung in Deutschland ist bereits gesetzlich verpflichtet, ihre Internetangebote barrierefrei zu gestalten – laut dem 2002 in Kraft getretenen *Bundesgesetz zur Gleichstellung behinderter Menschen*, das ebenfalls Regeln zur barrierefreien Gestaltung von Informationstechnologien beinhaltet.

4 NUTZUNGSBEREITSCHAFT, OFFLINER UND IHRE GRÜNDE FÜR DIE NICHTNUTZUNG

Entsprechend der Ausweitung des Internet geht der Anteil der Nichtnutzer kontinuierlich zurück. Bereits im Jahr 2007 reduzierte sich der Anteil der Offliner im Vergleich zum Vorjahr um zwei Millionen Personen, wobei vor allem Frauen einen Rückstand aufholen. Trotz zum Teil verringerter Unterschiede, stellen noch immer Frauen, Ältere sowie Nicht-Berufstätige die größten Offliner-Gruppen dar (vgl. Abb. 4).[19]

	2002	2003	2004	2005	2006	2007
Gesamt	55,9	46,5	44,7	42,1	40,5	37,3
männlich	47,0	37,5	35,8	32,5	32,7	31,1
weiblich	64,0	54,7	52,7	50,9	47,6	43,1
14-19 Jahre	23,1	8,7	5,3	4,3	2,7	4,2
20-29 Jahre	19,7	17,5	17,2	14,7	12,7	5,7
30-39 Jahre	34,4	26,1	24,1	20,1	19,4	18,1
40-49 Jahre	52,2	33,6	30,1	29,0	28,0	26,2
50-59 Jahre	64,6	51,1	47,3	43,5	40,0	35,8
60 Jahre und älter	92,2	86,0	85,5	81,6	79,7	74,9
Volksschule/ Hauptschule	76,4	66,5	63,9	61,5	62,6	55,7
Weiterführende Schule	45,0	34,1	32,3	29,0	26,5	28,4
Abitur	21,6	14,7	12,6	15,2	10,0	9,6
Studium	20,7	20,4	20,6	16,9	16,4	15,7
berufstätig	40,7	30,0	26,6	22,9	26,0	21,4
in Ausbildung	18,9	8,9	5,5	2,6	1,4	2,4
nicht berufstätig	78,7	85,2	77,1	73,7	71,7	68,0

Abb. 4: Personen ohne Online-Nutzung 2002 bis 2007 (Angaben in %), Basis: Bevölkerung ab 14 Jahre in Deutschland (2007: n=680, 2006: n=736, 2005: n=782, 2004: n=808, 2003: n=800, 2002: n=509)[20]

Der ARD/ZDF-Onlinestudie 2007 zufolge ist dies unter anderem eventuell damit zu erklären, dass die Offliner zu einem Großteil (65 % gegenüber 38 % Onlinern) in Ein- und Zwei-Personen-Haushalten, und somit – auch altersbedingt – seltener mit Kindern zusammen leben. Die Interessen der Kinder und die schulischen An-

---

19 Gerhards/Mende: „ARD/ZDF-Online-Studie 2007", S. 379.

20 Ebd., S. 380.

forderungen können jedoch die Absicht fördern, sich selbst einen PC mit Internetzugang anzuschaffen. Zudem sind die Haushalte der Offliner in der Regel finanziell schlechter gestellt als die der Onliner (knapp zwei Drittel der Offliner verfügt monatlich über ein Haushaltsnettoeinkommen von unter 2.000 Euro, bei den Onlinern trifft dies nur für ein Drittel der Haushalte zu).[21]

Die ARD/ZDF-Onlinestudie typologisiert die Gruppe der Offliner hinsichtlich ihrer Einstellungen und Motive (vgl. Abb. 5): „Desinteressierte", „Ablehnende" und „Distanzierte" sind dem Internet sehr fern, sie bilden zusammen die Gruppe der „Verweigerer", die angeben, dass sie „weder Zeit noch Lust haben, sich mit dem Internet zu beschäftigen, und mehrheitlich das Internet ablehnen".[22] Demgegenüber gibt es die „Nutzungsplaner", die in der nächsten Zeit einen Internetzugang anschaffen möchten, sowie die „Erfahrenen", die früher schon einmal das Internet genutzt haben, dies aber heute nicht mehr tun.

	2005		2006		2007	
	in Mio.	in %	in Mio.	in %	in Mio	in %
Desinteressierte	4,60	16,9	4,16	15,9	4,80	19,8
Ablehnende	7,31	26,8	7,84	29,9	6,90	28,6
Distanzierte	6,71	24,6	6,93	26,4	6,90	28,5
Nutzungsplaner	2,99	11,0	2,95	11,2	2,20	8,9
Erfahrene	5,62	20,6	4,38	16,7	3,40	14,1

Abb. 5: Die Offlinertypen 2005 bis 2007. Basis: Offliner ab 14 Jahre in Deutschland (2007: n=680, 2006: n=736, 2005: n=782)[23]

Die *Desinteressierten* weisen laut ARD/ZDF-Onlinestudie 2007 die größte Distanz zum Internet auf: Hier findet sich der größte Anteil Älterer (Durchschnittsalter 67 Jahre), Frauen (71 %) und Nicht-Berufstätiger (86 %). „Hauptcharakteristikum ist, dass sie als einzige Gruppe keine Vorstellung davon haben, was man im bzw. mit dem Internet alles machen kann – Hauptgrund für diese Nichtkenntnis ist ihr mangelndes Interesse an dem Thema."[24]

Die *Ablehnenden* ähneln in ihren soziodemografischen Merkmalen der Gruppe der Desinteressierten, sie stehen dem Internet jedoch noch ablehnender gegenüber:

> „Dieser Typ hat im Unterschied zu den Desinteressierten eine Vorstellung vom Internet, gleichwohl plant niemand in dieser Gruppe, sich einen Internetzugang anzuschaffen. Als Hauptargument wird angeführt, das Internet weder beruflich noch privat zu benötigen, aber auch der Kostenaspekt spielt hier eine Rolle. Hinzu kommt, dass Ab-

---

21　Vgl. zu diesen Zahlen ebd., S. 380.
22　Ebd., S. 379.
23　Ebd.
24　Ebd.

> lehnende in hohem Maß vermuten, dass das Internet wie eine Sucht sein kann oder dass sich andere über das Internet verbotenerweise Zugang zu persönlichen Daten verschaffen."[25]

Das Durchschnittsalter der *Distanzierten* beträgt 63 Jahre, knapp zwei Drittel sind nicht berufstätig, jedoch findet sich hier ein kleiner Anteil an formal höher Gebildeten (8 % haben ein Studium abgeschlossen).

> „Im Unterschied zu den beiden anderen internetfernen Offlinertypen nutzt knapp ein Viertel der Distanzierten einen Computer. Sie haben eine gewisse Vorstellung vom Internet und sind hinsichtlich ihrer Motive und Einstellungen nicht so ablehnend wie die beiden anderen Gruppen: Hier gibt nur jeder Zweite an, weder Zeit noch Lust zu haben, sich mit dem Internet zu beschäftigen. Sie vermuten auch in geringerem Maße, dass vom Internet massive Gefahren ausgehen, und beschreiben eher positive Effekte der Internetverbreitung in der Gesellschaft. Gleichwohl bekunden sie, dass ihnen die Angebote der klassischen Medien ausreichen."[26]

Die *Nutzungsplaner* bilden die jüngste Gruppe (Durchschnittsalter 49 Jahre), sie sind zu zwei Dritteln berufstätig und leben häufig mit Kindern zusammen. Die Hälfte von ihnen nutzt einen PC und fast ebenso viele besitzen zu Hause einen eigenen PC. 39 Prozent der Nutzungsplaner beabsichtigen, sich in der nächsten Zeit „ganz bestimmt" einen Internetzugang anzuschaffen, 61 % wollen dies „wahrscheinlich" tun.[27] Die ARD/ZDF-Onlinestudie nennt als Hauptgründe für die Anschaffung „sich fortbilden, Neues kennen lernen, Zugang zu interessanten, neuen und aktuellen Informationen bekommen sowie die empfundene Faszination, die vom Internet ausgeht".[28]

Die *Erfahrenen* nutzen heute in der Regel das Internet nicht mehr aus mangelndem Interesse sowie technischen Problemen, dem komplizierten Umgang und Zeitmangel. Nur ein kleiner Teil (23 %) beabsichtigt, sich einen Internetzugang anzuschaffen.[29] Ihre genannten Gründe für die Nichtnutzung bzw. fehlende Anschaffungsabsicht ähneln denen der Offliner, die ebenfalls keine Anschaffung planen: „Traditionelle Medienangebote reichen aus, das Geld wird lieber für anderes verwendet, die Kosten sind zu hoch und man braucht das Internet nicht."[30] Entscheidend ist jedoch auch ihre Befürchtung, „dass durch die Internetnutzung soziale Kontakte vernachlässigt würden und dass die Internetnutzung auch frust-

---

25 Ebd.
26 Ebd.
27 Ebd.
28 Ebd.
29 Ebd.
30 Ebd.

rierend sein könne."[31] Die Erfahrenen, die sich erneut einen Internetzugang anschaffen möchten, fühlen hingegen neben anderen Gründen der (Wieder-)Nutzung, einen gewissen sozialen Druck: 65 Prozent von ihnen geben an, dass es „heute einfach dazu gehört, einen Internetzugang zu haben".[32]

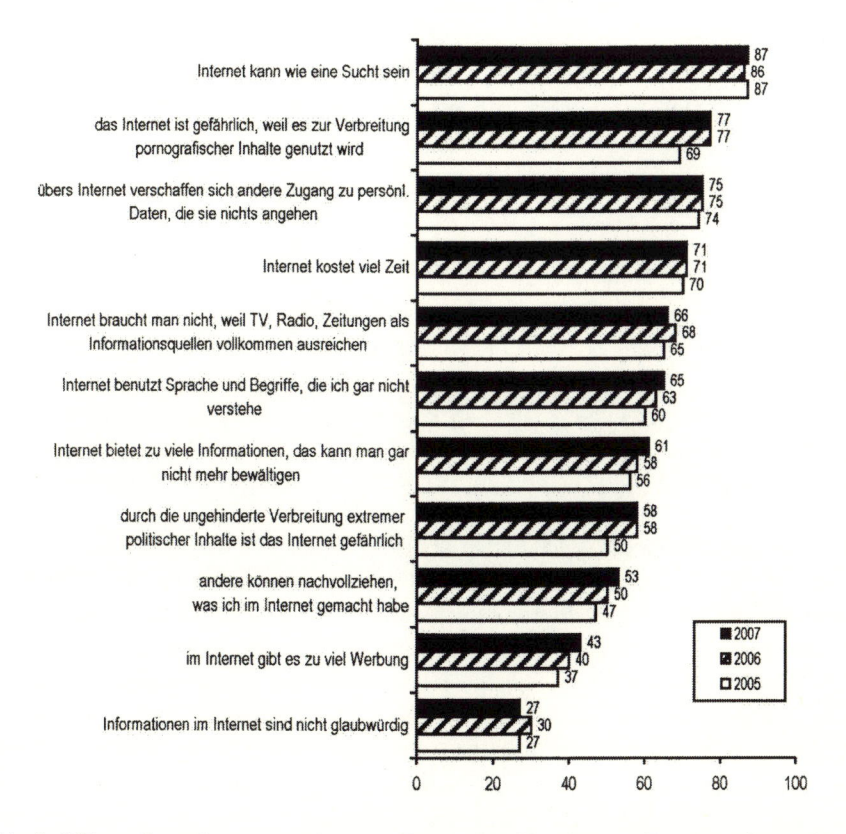

Aussage	2007	2006	2005
Internet kann wie eine Sucht sein	87	86	87
das Internet ist gefährlich, weil es zur Verbreitung pornografischer Inhalte genutzt wird	77	77	69
übers Internet verschaffen sich andere Zugang zu persönl. Daten, die sie nichts angehen	75	75	74
Internet kostet viel Zeit	71	71	70
Internet braucht man nicht, weil TV, Radio, Zeitungen als Informationsquellen vollkommen ausreichen	66	68	65
Internet benutzt Sprache und Begriffe, die ich gar nicht verstehe	65	63	60
Internet bietet zu viele Informationen, das kann man gar nicht mehr bewältigen	61	58	56
durch die ungehinderte Verbreitung extremer politischer Inhalte ist das Internet gefährlich	58	58	50
andere können nachvollziehen, was ich im Internet gemacht habe	53	50	47
im Internet gibt es zu viel Werbung	43	40	37
Informationen im Internet sind nicht glaubwürdig	27	30	27

Abb. 6: Offliner: Einstellungen zum Internet (Angaben in %, stimme voll und ganz/weitgehend zu), Basis: Offliner ab 14 Jahre in Deutschland (2007: n=680, 2006: n=736, 2005: n=782), Teilgruppe: Befragte, die früher Online genutzt haben oder eine Vorstellung von Online haben (2007: n=545, 2006: n=620, 2005: n=649)[33]

Als Hauptargumente gegen die Anschaffung eines Internetzugangs werden nach der ARD/ZDF-Onlinestudie 2007 also vor allem die folgenden Faktoren genannt: Die Informations- bzw. Unterhaltungsangebote von Presse, Radio und Fernsehen reichten den Offlinern vollkommen aus, sie bräuchten das Internet nicht und würden ihr zur Verfügung stehendes Geld lieber für andere Anschaffungen ausgeben. Dies gelte umso mehr, je älter die Offliner seien. Zudem wird die Befürch-

---

31 Ebd.
32 Ebd.
33 Ebd., S. 387.

tung genannt, dass durch die Nutzung des Internet die sozialen Kontakte vernachlässigt würden.[34]

Das Suchtpotenzial des Internet, sowie gravierende Sicherheitsbedenken und eine mit der Internetnutzung verbundene hohe Zeitintensität, prägen die eher negativen Einstellungen der Offliner gegenüber dem Internet. Ein großer Teil von ihnen (65 %) bemängelt zudem, dass das Internet eine Sprache und Begriffe benutze, die man gar nicht mehr verstehen könne und fast genauso viele (61 %) finden sich in der Fülle von Informationen nicht mehr zurecht (vgl. Abb. 6). Was für die einen also den besonderen Reiz des Internet ausmacht (einfachen und schnellen Zugriff auf alle für den einzelnen Nutzer relevanten Informationen), entwickelt sich für eine andere Gruppe hingegen als Zugangsbeschränkung.

Benutzerfreundlichkeit, vor allem auch im Sinne einer verständlicheren „Internetsprache", niedrige Kosten sowie mehr Sicherheit im Netz, sind laut ARD/ZDF-Onlinestudie 2007 die entscheidenden Faktoren, die in Zukunft die Hemmschwellen der heutigen Offliner abbauen und sie zur aktiven Internetnutzung bewegen können. Spezifische Nutzungsapplikationen des Netzes oder die Nutzung des Internets über das Handy können nur wenige Anreize schaffen.[35]

5 ÜBER KOMPETENZ ZU GESELLSCHAFTLICHER KOMMUNIKATION

Wie wir zeigen konnten, wird neben anderen Faktoren auch mangelnde Kompetenz zur Begründung einer ablehnenden Haltung gegenüber dem Internet herangezogen. Hier entfaltet sich eine ganz eigene Qualität der Zugangsbeschränkung: Kompetenz soll daher als eigenständige Barriere behandelt werden.

Um Zutritt zur gesellschaftlichen Kommunikation im Internet zu erhalten, ist eine gewisse Erfahrung im Umgang mit Computern erforderlich. Eine Studie des Statistischen Amtes der Europäischen Gemeinschaften "Eurostat" stellt für das Jahr 2005 allerdings fest, dass 37 Prozent der Europäer keinerlei Computerkenntnisse haben, während nur 22 Prozent mit einer großen Bandbreite an Computerwissen ausgestattet sind.[36]

---

34 Ebd., S. 383.

35 Ebd., S. 389f., 392.

36 Anhand von sechs computerbezogenen Angaben wurden die Auskunftsgebenden in verschiedene Niveaus von Computerkenntnissen eingeteilt: (1) Kopieren und Verschieben von Dateien oder Ordnern; (2) Kopieren, Ausschneiden oder Einfügen von Informationen am Bildschirm; (3) Nutzen grundlegender Formeln (+, -, *, :) in Kalkulationstabellen; (4) Daten komprimieren; (5) Erstellen eines Computerprogramms unter Verwendung einer Programmiersprache; (6) die Verwendung einer Maus für Programme wie z.B. einen Internet-Browser oder eine Textverarbeitung zu starten. In der Erhebung wurden Personen, die keine dieser Angaben ankreuzten, als Personen ohne Computerkenntnisse eingestuft, Personen mit 1 oder 2 angekreuzten Kenntnissen als Personen mit geringen Computer-Grundkenntnissen, Personen mit 3 oder 4 angekreuzten Kenntnissen als Personen mit mittleren Kenntnissen und Personen mit 5 oder mehr angekreuzten Angaben als Personen mit sehr guten Computerkenntnissen (vgl. Eurostat-Pressestelle: „Die e-Gesellschaft im Jahr 2005.").

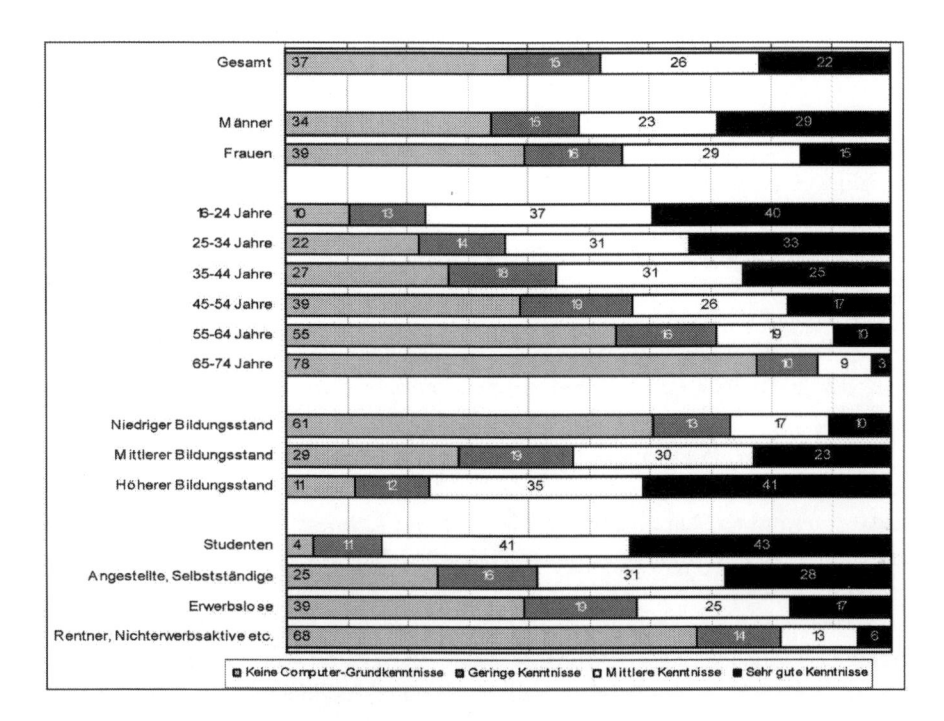

Abb. 7: Niveau der Computergrundkenntnisse von Einzelpersonen 2005, EU-25 (als Prozentsatz aller Einzelpersonen zwischen 16 und 74 Jahren)[37]

Für Deutschland beläuft sich der Anteil derer, die keine oder geringe Kenntnisse aufweisen, auf ganze 44 Prozent. Große Unterschiede lassen sich insbesondere zwischen den Altersgruppen und den verschiedenen Bildungsniveaus ausmachen. So gaben in Europa 41 Prozent der Höhergebildeten an, über sehr gute Computerkenntnisse zu verfügen und nur 12 Prozent der höher gebildeten Deutschen (11 % europaweit) hatten überhaupt keine Kenntnisse im Umgang mit dem Computer vorzuweisen. Dafür haben europaweit durchschnittlich ca. 80 Prozent der 55- bis 74-Jährigen keine oder nur geringe Kenntnisse im Umgang mit dem Computer. Da bereits im Jahre 2005 rund 40 Prozent der 16-24-Jährigen angaben, keinerlei Probleme bei der Computernutzung zu haben, kann man davon ausgehen, dass sich die Unterschiede zwischen den Altergruppen im Zeitverlauf angleichen werden.

An dieser Stelle sollte nicht der Fehler begangen werden, Computer- mit Internetkompetenz gleichzusetzen. Um das Internet selbstbewusst und kritisch zur gesellschaftlichen Kommunikation nutzen zu können, sind grundlegende Fähigkeiten im Umgang mit dem Computer unabdinglich, wobei die technische Kenntnis noch kein Garant für erfolgreiches Kommunizieren darstellt. Es geht vielmehr um eine gewisse Informationskompetenz, die es dem Internetnutzer erst erlaubt, sich

---

37 Demunter, Christoph: „Wie kompetent sind die Europäer im Umgang mit Computern und dem Internet?".

innerhalb der unbestimmten Masse an Informationen zu orientieren. So kommt es hier insbesondere auf inhaltlich-kognitive Fähigkeiten an, beispielsweise die Beherrschung der drei primären Kulturtechniken Lesen, Schreiben und Rechnen.[38] Aber auch das Wissen um die Möglichkeiten, inwieweit das Internet das Kommunikationspotenzial erweitern kann, gilt als Grundvoraussetzung für den Einzelnen, um Zutritt zur Öffentlichkeit durch die Internetnutzung zu erlangen. Herbert Kubicek spricht in diesem Zusammenhang von der „digitalen Bildungskluft", die sich – über formale Bildungsgrade hinaus – in der Nutzung digitaler Kommunikationsmedien zeigt.[39]

Spezifische Internetkenntnisse stellen demnach vermutlich auch bei Personen, die regelmäßig einen Computer nutzen, eine Zutrittsbarriere zum Internet dar.

Während 2005 europaweit 88 Prozent der Befragten auf Suchmaschinen zurückgriffen, um Informationen im Web zu finden, lässt sich bei der aktiven Nutzung der Kommunikationsmodi E-Mail (74 %), Usenets und Chats (33 %) und insbesondere beim Erstellen eigener Webseiten (15 %) zu diesem Zeitpunkt eine größere Zugangsbarriere ausmachen.[40]

Für Deutschland stellt die ARD/ZDF-Onlinestudie fest, dass im Jahr 2007 die aktive Kommunikationsbeteiligung der reinen Rezeption von Webinhalten weiterhin nachsteht. Auch hier spielt das Alter eine entscheidende Rolle. Während sich der Rückgriff auf Suchmaschinen und die gezielte Suche nach Informationen (Rezeption) hinsichtlich der Altersgruppen noch relativ ähnlich verteilen, lässt sich mit Blick auf die aktive Kommunikationsbeteiligung – hier die wöchentliche Nutzung von Instant Messaging[41], Gesprächsforen, Newsgroups, Chats und Onlinecommunities - ein klarer Effekt ausmachen: Mit zunehmendem Alter nimmt die aktive Beteiligung ab (siehe Abb. 8). Inwieweit es sich hier um einen Alters- oder Generationeneffekt handelt, lässt sich allerdings nicht ablesen.

---

38 „Um eine Suchmaschine erfolgreich einzusetzen, muss man nicht nur wissen, wo man hinklickt, sondern neben Rechtschreibkenntnissen in der Lage sein, das Gesuchte angemessen in solche Suchbegriffe zu formulieren, die das erreichbare Potenzial ausschöpfen und gleichzeitig eingrenzen. Dann muss man die so genannten Treffer auf ihre Eignung überprüfen, die Qualität der Beiträge und die Zuverlässigkeit der Quellen einschätzen können und anderes mehr" (Kubicek: „Ein Internet für alle?", S. 42).

39 Vgl. ebd.

40 Vgl. Eurostat-Pressestelle: „Die e-Gesellschaft im Jahr 2005".

41 Im Unterschied zu Chats, die meistens über Webangebote erfolgen (z.B. über Singlebörsen, Kinderund Unterhaltungsangebote), vollzieht sich Instant Messaging per Software, die die miteinander kommunizierenden Nutzer auf ihren PCs installiert haben müssen.

UNBESCHRÄNKTE ÖFFENTLICHKEIT?

	Gesamt	14-19 J.	20-29 J.	30-49 J.	50+	60+
Suchmaschinen	76	87	84	78	62	61
zielgerichtet bestimmte Angebote suchen	57	47	69	61	47	43
Instant Messaging	22	73	50	18	7	1
Gesprächsforen, Newsgroups, Chats	20	68	35	10	4	1
Onlinecommunities	9	33	14	4	2	1

Abb. 8: Anwendungsnutzung (mind. 1x wöchentlich, Angaben in %), Basis: Onlinenutzer ab 14 Jahre in Deutschland (2007: n=1142)[42]

Im Vergleich zu den Vorjahren werden die Nutzer im World Wide Web jedoch immer aktiver und veröffentlichen immer mehr eigene Inhalte.

Erleichtert wird dies durch so genannte Social Software, deren einfache Bedienbarkeit die Kommunikation im Web unterstützt. Bildete Interaktion und Partizipation im World Wide Web bisher die Ausnahme, stellt die aktive Beteiligung nun ein herausragendes Merkmal des Internets der 2. Generation, des Web 2.0, dar.[43] Die aktuellen Anwendungen wie Wikis, Weblog-, Podcast-, und Videoportale sind so konzipiert, dass sie ein aktives Publikum geradezu voraussetzen. Web 2.0 steht für ein einfach zu bedienendes Mitmach-Web. Doch allein, dass es von den Plattformbetreibern als solches angeboten wird, heißt noch lange nicht, dass es auch als solches genutzt wird (vgl. Abb. 9).

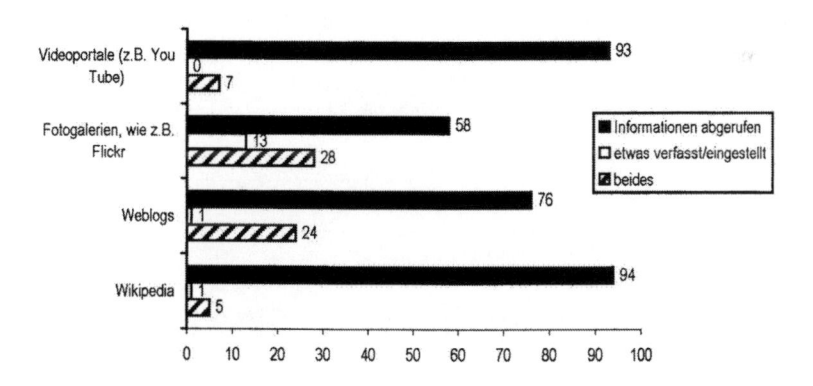

Abb. 9: Nutzungshäufigkeit ausgewählter Web 2.0-Angebote 2007 (Angaben in %), Basis: Onlinenutzer ab 14 Jahren in Deutschland (2007: n = 1.142), Teilgruppe: Onlinenutzer, die

---

42 Eigene Darstellung nach ARD/ZDF: „Onlinestudie 2007".
43 Als klassische Internetanwendungen (Web 1.0), welche die aktive Kommunikation unterstützen, galten bisher eher E-Mail, Usenet Newsgroups, Internet Relay Chat (ICR) Channels oder Multi User Domains (MUDs). Dass die Möglichkeit zur Kommunikation im Rahmen des Internet-Dienstes WWW angeboten wird, ist eine relativ neue Entwicklung und wird auch unter dem Synonym Web 2.0 oder auch Social Web zusammengefasst.

Wikipedia (n=542), Weblog (n=128), Fotogalerien (n=166), Videoportale (n=389) schon mal im Internet besucht haben [44]

Zwar werden die Nutzer immer aktiver – jedoch weiterhin auf niedrigem Niveau. Neue Inhalte werden von einem kleinen Teil Aktiver geschaffen, aber von sehr vielen Interessierten nachgefragt. Innerhalb der Fotocommunities ist der Aktivenanteil mit 41 Prozent relativ hoch. Im Vergleich zu den Videoportalen, die ihrerseits die größte Nutzerschaft binden, scheint demnach „[...] ein höherer persönlicher Mehrwert darin zu bestehen, sich mit den eigenen Bildern zu präsentieren und sich mit anderen Nutzern auszutauschen."[45]

Demnach spielen nutzergenerierte Inhalte auch bei der Ausweitung der passiven Internetnutzung eine entscheidende Rolle. Wie Herbert Kubicek und Stefan Welling herausstellen, lässt sich eine verstärkte Internetnutzung nur dann erzielen, wenn „sich auch tatsächlich Angebote finden lassen, die gegenüber den bisher verwendeten Medien einen zusätzlichen Nutzen stiften und den Aufwand daher gerechtfertigt erscheinen lassen."[46] Das Mitmach-Web kommt dieser Anforderung entgegen. Der Mehrwert ist für viele Nutzer aber offenkundig nicht die Möglichkeit, selbst aktiv im Netz mitzumachen, sondern die massenattraktiven Inhalte, die von Wenigen bereitgestellt werden, passiv konsumieren zu können.

Anders verhält es sich bei der aktiven Nutzung. Trotz gesenkter Bedienungshürden[47] erfordert das aktive Mitmachen die *Bereitschaft zum Austausch*.

	2006	2007								
	gesamt	gesamt	männl.	weibl.	14-19 J.	20-29 J.	30-39 J.	40-49 J.	50-59 J.	ab 60 J.
sehr interessant	10	13	15	11	25	14	8	6	15	15
etwas interessant	15	18	23	13	24	27	22	8	18	9
weniger interessant	26	25	24	27	31	27	26	30	21	11
gar nicht interessant	49	44	39	50	20	32	44	56	46	65

Abb. 10: Interesse an der Möglichkeit, aktiv Beiträge zu verfassen und ins Internet zu stellen (Angaben in %), Basis: Onlinenutzer ab 14 Jahren in Deutschland (2007: n=1.142; 2006: n= 1.084)[48]

Wie zu erwarten war, besteht insbesondere bei den jugendlichen Nutzern ein überdurchschnittliches Interesse daran, beim kommunikativen Austausch aktiv zu

---

44 Gscheidle/Fisch: „ARD/ZDF-Online-Studie 2007", S. 401.
45 Gscheidle/Fisch: „ARD/ZDF-Online-Studie 2007", S. 402.
46 Kubicek/Welling: „Vor einer digitalen Spaltung in Deutschland?", S. 513.
47 Anmerkung: Man muss nicht mehr programmieren können, um eigene Inhalte im Web zu publizieren.
48 Gscheidle/Fisch: „ARD/ZDF-Online-Studie 2007", S. 398.

werden. Dies zeichnete sich bereits in den zurückliegenden Jahren ab.[49] Bemerkenswert erscheint allerdings, dass viele ab 50-Jährigen ebenfalls sehr aufgeschlossen sind, was sich durchaus auf die bedienungsfreundlicheren Zugangsmöglichkeiten zurückführen lässt (Abb.10). Gerade bei der älteren Altersgruppe scheint demnach ein Potential für ein zielgruppengerechtes Web-2.0-Angebot vorhanden zu sein.[50]

Sich im World Wide Web zu orientieren ist also die eine Sache, sich aktiv zu beteiligen eine ganz andere. Aber gerade die aktive Nutzung des erweiterten Kommunikationspotentials lässt das Internet erst als „Stimulans kommunikativer Unbeschränktheit"[51] zur Geltung kommen.

6 WEB 2.0 STELLT SICH DER KOMPETENZHÜRDE – BARRIEREFREI ZUR AKTIVEN NUTZUNG

Das Web 2.0 stellt eine große Bandbreite an Anwendungen bereit, welche den Nutzer einladen, aktiv zu werden und sich als Kommunikator in gesellschaftliche Diskurse einzuschalten. Besonders hervorzuheben seien an dieser Stelle die so genannten Weblogs. Wie Pöttker herausstellt, „sind es vor allem die Blogger, die die journalistische Profession auf der technischen Grundlage des Internets herausfordern"[52] und somit das Prinzip Öffentlichkeit – als kommunikativer Unbeschränktheit – innerhalb des Gebildes Öffentlichkeit stärker herausstellen. Diese Annahme, die u.a. das Aufbrechen der Selbstbezogenheit der Medienberufe (Entprofessionalisierung) durch eine aktive Bloggerszene voraussetzt, gilt es im Folgenden zu prüfen.

Im Jahr 2007 kannte die Spezial-Suchmaschine Technorati bereits 70 Millionen Online-Journale.[53] Zu diesem Zeitpunkt wurden von der Universität Leipzig 600 Internetnutzer aus Deutschland zu ihrem Weblognutzungsverhalten befragt.[54] Knapp 80 Prozent der Probanden gaben an, Weblogs zu nutzen: die größere Gruppe (45 %) überwiegend als Rezipienten, wobei 12 Prozent neben dem Lesen auch auf die Möglichkeit des Kommentierens zurückgriffen. Die zweite große Gruppe (35 %) war selbst als Blog-Schreiber (Blogger) aktiv. Allerdings ist zu bemerken, dass es sich bei den Befragten um so genannte *Heavy-User* des Webs handelt, von denen immerhin 96 Prozent (mehrmals) täglich das Internet nutzten. Es ist daher nicht verwunderlich, dass die ARD-ZDF-Onlinestudie – die einen deutlich breiteren Nutzerkreis abbildet – zu einem abweichenden Ergebnis kommt. Demnach hat sich 2007 im Vergleich zum Vorjahr der Anteil der Inter-

---

49 Vgl. van Eimeren/Frees: „ARD/ZDF-Online-Studie 2005", S. 371.
50 Gscheidle/Fisch: „ARD/ZDF-Online-Studie 2007.", S. 399.
51 Siehe den Beitrag von Pöttker in diesem Heft, S. 21.
52 Ebd., S. 23.
53 Vgl. Technorati: „The State of the Live Web".
54 Vgl. Zerfaß/ Bogosyan: „Blogstudie 2007".

netnutzer, die zumindest selten Weblogs besuchen, von geringen 7 auf nur 11 Prozentpunkte erhöht.

Dabei ist der Anteil passiver Nutzung 2007 weiter gestiegen. Waren es 2006 noch 64 Prozent der Weblognutzer, die ausschließlich Informationen abriefen ohne selbst Beiträge zu verfassen, ist der Anteil im Jahr 2007 auf 76 Prozent angestiegen (Abb. 9). Dementsprechend ist nur ein Viertel der Weblognutzer selbst aktiv. Wobei die ARD/ZDF-Onlinestudie das Merkmal „aktiv" nicht dahingehend differenziert, ob die Möglichkeit des Kommentierens in fremden Blogs genutzt wurde oder ob es sich um Publikationen in einem eigenen Weblog handelt. Wie bei den anderen Web 2.0-Anwendungen gilt auch bei den Weblogs „Interaktion mit anderen Nutzern als Triebfeder für das eigene Aktivwerden."[55] Zu diesem Befund kommt auch die Blogstudie: Während Blog-Leser von den Möglichkeiten der Informationsgewinnung motiviert werden, zeichnen sich Blogger durch hohe Kontaktfreudigkeit aus. „Im Gegensatz zu den Blog-Lesern (19,4 %) tauschen sie sich zu 56,6 Prozent in Blogs miteinander aus und ungefähr jeder Fünfte (18 %) möchte dort neue Leute kennen lernen."[56]

Die Befunde der Leipziger Blogstudie hinsichtlich der aktiven Nutzungshäufigkeit scheinen jedoch umso überzeichneter, wenn man sich vergegenwärtigt, dass laut Technorati die deutschsprachige Bloggerszene mit nur einem Prozent einen sehr geringen Anteil am Gesamtvolumen ausmacht.[57] Nicht desto trotz lässt sich ein gewisser publizistischer Erfolg der weltweit agierenden Bloggersphäre nicht leugnen: So treten insbesondere englischsprachige Weblogs (36 % des Gesamtvolumens) in Konkurrenz zu den reichweitenstärksten Webseiten.[58] Fanden sich 2006 noch 12 Weblogs unter den 100 weltweit populärsten Informations- und Unterhaltungsseiten,[59] ist die Zahl innerhalb eines Jahres auf 22 gestiegen.

Die Blogstudie 2007 fasst zusammen, dass die Nutzer von Weblogs „an neuem, schnellen, hintergründigem Wissen interessiert" sind.[60] Immerhin knapp 67 Prozent geben an, Weblogs zu nutzen, um etwas zu lesen, was sie aus anderen Medien nicht erfahren.[61] Weblogs besetzen demnach Nischen, die die klassischen Medien nicht bedienen. Und daraus erwächst Konkurrenz, denn in Weblogs schreiben Fachleute aus ihrem Gebiet. Da für die Blogger keine Publikationskosten anfallen, ist es nicht entscheidend, ob sie mit ihren Themen 10 oder 10.000 Leser begeistern. Um gelesen zu werden, müssen die Produzenten jedoch ihre

---

55 Gscheidle/Fisch: „ARD/ZDF-Online-Studie 2007", S. 401 f.
56 Zerfaß/ Bogosyan: „Blogstudie 2007", S. 7.
57 Vgl. Technorati „The State of the Live Web".
58 Ebd.
59 Anmerkung: Die Liste wird angeführt von nytimes.com und cnn.com.
60 Zerfaß/Bogosyan: „Blogstudie 2007", S. 5.
61 Ebd.

Glaubwürdigkeit unter Beweis stellen. „Inhalte von Corporate Blogs[62] genießen eine vergleichsweise geringe Glaubwürdigkeit. Ein Viertel der Befragten (26,4 %) gab an, den Inhalten nicht zu trauen."[63] Private Weblogs kommen im Vergleich schon wesentlich besser weg. Nur 12 Prozent der Blognutzer trauen den dort publizierten Inhalten nicht. Fachblogs rangieren in der Glaubwürdigkeitsskala auf dem ersten Rang (nur von 2 % für unglaubwürdig gehalten).

Zudem meinen „(gut) die Hälfte der Blognutzer (55,4 %) [...], dass Bloginhalte Einfluss auf die öffentliche Meinung haben und fast ebenso viele (53,8 %) behaupten sogar, dass Blogs gesellschaftliche Veränderungen bewirken können."[64] Auch an dieser Stelle sei wieder auf die besondere Zusammensetzung der Blogstudie-Probanden (Heavy User) verwiesen. Der Einfluss der Weblogs auf die Meinungsbildung bleibt weiterhin umstritten. Fakt ist jedoch, dass durch die starke Verlinkungsstruktur innerhalb der Bloggersphäre,[65] Weblogs auch in den herkömmlichen Suchmaschinen prominent gelistet werden. Auch wenn während der Informationsrecherche nicht gezielt nach Weblogs gesucht wird, treten sie neben anderen Informationsangeboten häufig in Erscheinung. Technorati weist gar auf die Verwischung der Genregrenzen hin: „ [...] the audience is less and less likely to distinguish a blog from, say, nytimes.com – for a growing base of users, these are all sites for news, information, entertainment, gossip, etc. and not a ‚blog' or a ‚MSM'[66] site".[67]

Ob sich diese Entwicklung nun auf das Bedürfnis nach alternativen Informationsquellen oder auf die zunehmende Professionalisierung der Weblog-Berichterstattung zurückführen lässt, bleibt offen.

7 FÖRDERUNG

Die Ausführungen zu den Gründen der Offliner, das Internet nicht zu nutzen, haben gezeigt, dass Förderung zur Steigerung der Onlinenutzung und damit auch der eigenen Produktion nicht nur am technischen Zugang und/oder der PC- bzw. Internetkompetenz ansetzen kann und muss, sondern ebenso bei der Nutzungsbereitschaft (vgl. Abb. 11). Beispielsweise dadurch, dass zum einen mit Hilfe vereinfachter Bedienelemente und erhöhter Netzsicherheit die am häufigsten geäußerten Hemmnisse abgebaut werden (vgl. ARD/ZDF-Onlinestudie 2007 über Offliner), zum anderen, indem Wissen um den alltagspraktischen Nutzen internetgenerierter Informationen gefördert wird (einige Vergünstigungen vieler Unterneh-

---

62 Von Unternehmen betriebene Blogs wie etwa frostablog.de.
63 Zerfaß/Bogosyan: „Blogstudie 2007", S. 10.
64 Ebd., S. 9.
65 „70,1 % der Befragten geben an, dass sie durch Verlinkungen in anderen Blogs aufmerksam werden" (Ebd., S. 11).
66 Mainstream Media Site.
67 Vgl. Technorati: „The State of the Live Web".

men sind ausschließlich über das Internet verfügbar, dies reicht von Onlinebanking, über Fahrkartenpreise und Reiseangebote bis zum Kauf von Bekleidung, Haushaltsgegenständen und der PC-Ausrüstung).

Langer verweist demgegenüber auf Ansätze, die überhaupt keine Notwendigkeit von Fördermaßnahmen zur Verbreitung des Zugangs und der Nutzung des Internet sehen.[68] Die Ansätze gehen davon aus, dass entsprechende Steuerungs- und Fördermaßnahmen nicht erforderlich seien, da der freie Markt die nur vorübergehend bestehenden Zugangsklüfte von selbst löse.

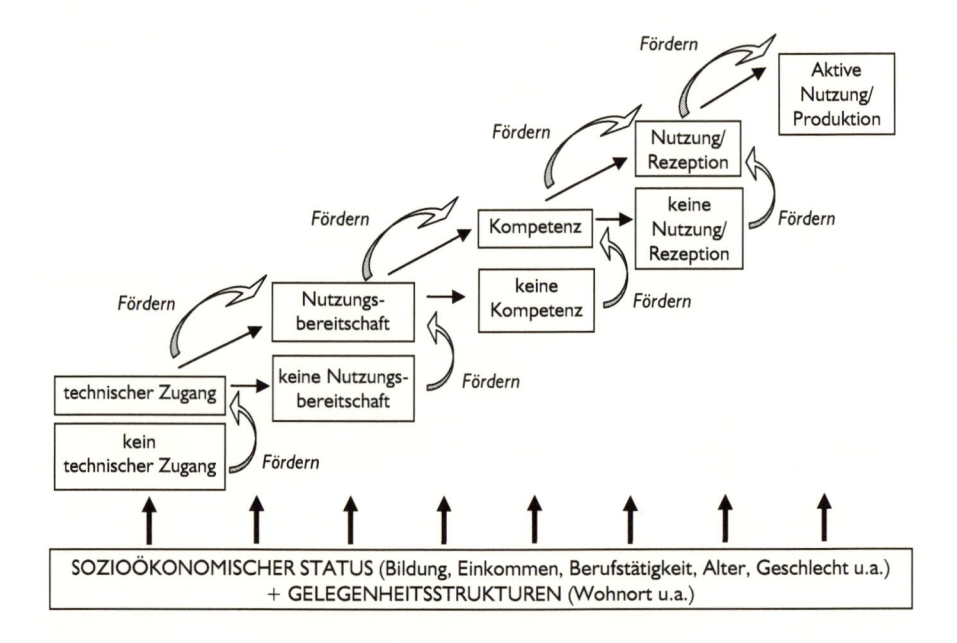

Abb. 11: Stufenmodell zur Nutzung und Produktion von Webinhalten mit Ansatzpunkten der Förderung[69]

8 DISKUSSION – DAS INTERNET ALS STIMULANS KOMMUNIKATIVER UNBESCHRÄNKTHEIT?

Die vorausgehenden Befunde machen zunächst deutlich, dass der technische Zugang zu Computern und dem Internet nur eine Barriere unter vielen darstellt. Um selbst Inhalte im Internet bereitzustellen und somit dem Prinzip der Unbeschränktheit mehr Geltung zu verleihen, verlangt es neben der Verbreitung einer technischen Infrastruktur insbesondere Kompetenz. Computerkenntnisse und das Wissen um die Möglichkeiten und Gefahren des Internet entscheiden zunächst

---

68 Vgl. Langer: Digitale Spaltung. Eine kritische Analyse, S. 25f.
69 Eigene Darstellung.

über die Nutzungsbereitschaft, im weiteren Entscheidungsprozess aber auch darüber, ob aus einem passiven ein aktiver Nutzer wird.

Das Web 2.0 hat die Anforderungen an Produktionswillige heruntergesetzt. Das World Wide Web wird aktiver genutzt, jedoch weiterhin auf niedrigem Niveau. Dies könnte unter anderem dem Umstand geschuldet sein, dass ein Großteil bestehender Förderinitiativen zwar erkennt, dass neben dem technischen Zugang auch bestimmte Kompetenzen zur Anwendung nötig sind. Jedoch liegt der Schwerpunkt auch heute noch mehr auf der Bereitstellung von Computern und Internetanschlüssen und weniger auf der nachhaltigeren Erfahrungsförderung in diesem Bereich. Unabhängig davon, ob das „Internet für alle" ein erstrebenswertes Gut ist oder nicht,[70] schlägt beispielsweise Herbert Kubicek vor, Medienkompetenz – als zentrale Größe innerhalb der Fördermaßnahmen – mehr Gewicht zu verleihen: „Nicht alle müssen oder sollen das Internet nutzen, aber alle sollen wollen können."[71] Demnach sind gerade Bildungseinrichtungen gefragt, die „digitale Bildungskluft"[72] zu überwinden. So gilt nicht allein der technische Zugang, sondern der kompetente Umgang mit dem Internet als Grundvoraussetzung dafür, dass das *Prinzip Öffentlichkeit* durch das Internet stärker zur Geltung kommt.

Gerade hinsichtlich unserer Fragestellung, inwieweit das Internet als „Stimulans kommunikativer Unbeschränktheit"[73] die Asymmetrie des Informationsflusses aufbrechen kann, ist Kritik hinsichtlich der herkömmlichen Zugangsförderung angebracht. Denn: Erst wenn die bereitgestellte technische Infrastruktur effektiv genutzt werden kann und im Zuge der aktiven Bereitstellung nutzergenerierter, relevanter Inhalte, auch das Interesse am Internet bei den Verweigerern stärker geweckt wird, kann von einer wirklich nachhaltigen Stimulans durch das Internet gesprochen werden.

Web 2.0 war ein großer Schritt in diese Richtung, da eine allgemeinere Zugangsmöglichkeit – durch die Herabsetzung der Bedienungshürden – hier entsprechend umgesetzt wurde. Die Entwicklung der Weblogs – als Alternativmedien – steht für den Erfolg dieser Strategie. Inwieweit sich diese auch bewährt, bleibt abzuwarten. Heute werden die Web 2.0-Angebote überwiegend von der jungen Generation, den 14- bis 19-Jährigen, gestaltet und nachgefragt.[74] Spannend wird die Frage, inwieweit die aktive Nutzung ein jugendliches Phänomen bleibt oder sich das Nutzungsverhalten innerhalb der anderen Altersgruppen angleicht und somit der Gesamtmarkt mit der Folgegeneration wächst.

---

70 Zu einer ausführlichen Kritik an der Notwendigkeit der Maßnahmen siehe Langer: Digitale Spaltung, 25ff.

71 Kubicek: „Ein Internet für alle?", S. 41.

72 Vgl. Kubicek: „Ein Internet für alle?".

73 Vgl. Pöttker in diesem Heft, S. 21.

74 Mit Ausnahme der Bildung sind aller Voraussicht nach die Effekte anderer Merkmale wie Geschlecht, sozioökonomischer Status, Region u.ä. angesichts der bisherigen Entwicklungen längerfristig vernachlässigbar, da ein Großteil der aktuellen Fördermaßnahmen genau an diesen Punkten ansetzt.

Unabhängig dieser Entwicklungstendenz stellt sich zudem die Frage, inwieweit der publizistische Erfolg der webbasierten Alternativmedien an den des etablierten Journalismus heranreicht. Dies kann hier nicht beantwortet werden. Allerdings ist heute bereits abzulesen, dass die Masse an Informationen im Internet stetig anwachsen wird. Hinsichtlich der von den Internetnutzern geforderten qualitativen Auslese, ist mit den Webloggern ein Gegengewicht zu den klassischen Medien hinzugetreten. Journalisten müssen sich dieser neuen Herausforderung stellen und sich verstärkt fragen, ob sie diese Informationen ignorieren oder gezielt auswählen, analysieren, überprüfen, kommentieren und somit ein wertvolles Informationsangebot schaffen und ihrem Öffentlichkeitsauftrag im Sinne der Herstellung gesellschaftlicher Transparenz nachkommen.[75]

LITERATUR

Alby, Tom: Web 2.0. Konzepte, Anwendungen, Technologien, München 2007.

ARD/ZDF: „Onlinestudie 2007", http://www.ard-zdf-onlinestudie.de/index.php?id=4, 31.07.2008.

ARD/ZDF: „Onlinestudie 2008", http://www.ard-zdf-onlinestudie.de, 22.07.2008.

Bundesministerium für Wirtschaft und Technologie: „DSL-Verfügbarkeit Deutschland", http://www.zukunft-breitband.de/BBA/Navigation/Breitbandatlas/laenderkarten.html?, 31.07.2008.

Bundesministerium für Wirtschaft und Technologie: „Flächendeckende Breitbandversorgung", http://www.bmwi.de/BMWi/Navigation/Wirtschaft/Telekommunikation-und-Post/breitbandversorgung,did=257532.html, 31.07.2008.

Eurostat-Pressestelle (Hrsg.): „Die e-Gesellschaft im Jahr 2005. Mehr als ein Drittel der EU-Bevölkerung haben keine Computerkenntnisse", 2006, http://epp.eurostat.ec.europa.eu/pls/portal/docs/PAGE/PGP_PRD_CAT_PRE REL/PGE_CAT_PREREL_YEAR_2006/PGE_CAT_PREREL_YEAR_2006_MO NTH_06/4-20062006-DE-AP.PDF, 28.07.2008.

Demunter, Christoph: „Wie kompetent sind die Europäer im Umgang mit Computern und dem Internet?", in: Eurostat-Pressestelle (Hrsg.): Statistik kurz gefasst, 17/2006, http://epp.eurostat.ec.europa.eu/cache/ITY_OFFPUB/KS-NP-06-017/DE/KS-NP-06-017-DE.PDF, 31.07.2008.

Gerhards, Maria/Mende, Annette: „ARD/ZDF-Online-Studie 2007. Offliner 2007: Zunehmend distanzierter, aber gelassener Blick aufs Internet", in: Media Perspektiven, Nr. 8, 2007, S. 379-392.

Gscheidle, Christoph/Fisch, Martin: „ARD/ZDF-Online-Studie 2007. Onliner 2007: Das „Mitmach-Netz" im Breitbandzeitalter", in: Media Perspektiven 2007, Nr. 8, S. 393-405.

---

75 Vgl. Pöttker: „Zum Verhältnis von Berufsethos und universaler Moral im Journalismus".

Kubicek, Herbert: „Ein Internet für alle? Über die Notwendigkeit vielfältiger Bildungsinitiativen", in: Roters u.a.(Hrsg.): Digitale Spaltung. Informationsgesellschaft im neuen Jahrtausend – Trends und Entwicklungen, Berlin 2003, S. 41-50.

Kubicek, Herbert/Welling, Stefan: „Vor einer digitalen Spaltung in Deutschland? Annäherung an ein verdecktes Problem von wirtschafts- und gesellschaftspolitischer Brisanz", in: Medien & Kommunikationswissenschaft, Jg. 48, Nr. 4, 2000, S. 497-517.

Langer, Christian: Digitale Spaltung. Eine kritische Analyse, Saarbrücken 2007.

Pöttker, Horst: „Zum Verhältnis von Berufsethos und universaler Moral im Journalismus", in: Funiok, Rüdiger/Schmälzle, Udo F./Werth, Christoph H. (Hrsg.): Medienethik – die Frage der Verantwortung, Bonn 1999, S. 215-232.

Technorati: „The State of the Live-Web", 2007, http://technorati.com/weblog/2007/04/328.html, 28.07.2008.

Toffler, Alvin: Die dritte Welle: Zukunftschance, München 1987.

van Eimeren, Birgit/Frees, Beate: „ARD/ZDF-Online-Studie 2005. Nach dem Boom: Größter Zuwachs bei internetfernen Gruppen", in: Media Perspektiven, Nr. 8, 2005, S. 362-379.

van Eimeren, Birgit/Frees, Beate: „ARD/ZDF-Online-Studie 2007. Internetnutzung zwischen Pragmatismus und YouTube-Euphorie", in: Media Perspektiven, Nr. 8, 2007, S. 362-378.

Zerfaß, Ansgar/Bogosyan, Janine: „Blogstudie 2007. Informationssuche im Internet – Blogs als neues Recherchetool (Ergebnisbericht)", Leipzig 2007, http://www.blogstudie2007.de, 28.07.2008.

VON DER STRAßE INS NETZ UND ZURÜCK

Culture Jamming als Medien- und Konzernkritik in Protestkampagnen

VON ANNEGRET MÄRZ

> Culture Jamming is the artistic strategy of civil disobedience: Fakes, Adbusting and Semiotic Sniping are the new subversive strategies in the realm of signs and the war for the reconquest of public space.[1]

Im Sommer 2005 startete das globalisierungskritische Netzwerk attac eine Kampagne gegen den Discounter Lidl: „Lidl ist nicht zu billigen" lautete der Slogan, der sich an den damaligen Werbeclaim der Kette, „Lidl ist billig", anlehnte, ergänzt von der Forderung: „Stoppt Preis-, Umwelt- und Sozialdumping". Es folgten zahlreiche kleinere und größere Aktionen vor Lidl-Filialen, um gegen dessen Politik zu protestieren und Verbraucher über die Praxen des Discounters aufzuklären. Als Herzstück der Kampagne stellte sich das „Plagiat" heraus:[2] Der Flyer, der sich auf den ersten Blick kaum von den Werbeanzeigen des Discounters unterscheidet, versteckt hinter dem bekannten Design Informationen zu den Kernaspekten der Kampagne. Diese Form subversiver Werbung („Subvertising") verdeutlicht die Funktionsweise einer der zentralen Techniken des Culture Jammings: Werbung wird kreativ umgestaltet, jedoch nicht parodiert[3], und transportiert so eine Gegenbotschaft im Deckmantel der bekannten Werbeästhetik.

Der Soziologe Vince Carducci kommt zu dem Schluss, dass Culture Jamming nicht als Selbstzweck Sinn ergibt, sondern sein Potential erst im Dienste größerer Bewegungen entfalten kann[4], und so erstaunt es wenig, dass zahlreiche unternehmenszentrierte Protestkampagnen mit den Logos oder Slogans der betreffenden Unternehmen spielen: Greenpeace forderte „Stop E$$O" und ließ auf Flyern den bekannten Esso-Tiger kritisch zu Wort kommen; die amerikanische Kampagne „Stop Killer Coke" persifliert, weiß auf rotem Grund, den wohl bekanntesten Schriftzug der Welt; die Tierrechtsorganisation Peta ermöglicht es, in Online-Flash-Spielen Pelze der Modemarke Burberry mit virtuellen Spraydosen als Produkte von Tierquälerei zu brandmarken. Diese Formen des Spiels mit Marken, Logos und Slogans, in unterschiedlichem Maße wie Bewusstsein in die Inszenierung der Protestaktivitäten eingebunden, lassen sich alle den Techniken des Culture Jammings zuordnen. Verbunden mit den Möglichkeiten des modernen Desk-

---

1 Waldvogel: „Culture Jamming", S. 69.
2 Vgl. Löding u.a.: Konzern, Kritik, Kampagne, S. 44.
3 Vgl. Klein: No Logo, S. 289.
4 Vgl. Carducci: „Culture Jamming", S. 134.

ANNEGRET MÄRZ

top-Publishing, das auch Laien die kreative Manipulation bekannter Werbebilder mit einfachen Mitteln ermöglicht, stellt das Internet dabei ein Medium dar, das von den Akteuren mit verhältnismäßig geringen Kosten und Expertenwissen für eine weite Verbreitung von Bildern, Flyern oder Filmen genutzt wird.[5]

Abb. 1: Kampagnenflyer „Plagiat", Quelle: http://www.attac.de/archive/lidl/www.attac.de/lidl-kampagne/indexb182.html?id=100.

---

5 Vgl. Carducci: „Culture Jamming", S. 117.

Dieser Aufsatz soll die zentralen Prinzipien und Deutungsmuster des Culture Jammings vorstellen und Verknüpfungen zu den Forderungen und Methoden moderner konzernkritischer Kampagnen aufzeigen. Dabei werden unterschiedliche Formen subversiver Medien- und Konzernkritik der Protestakteure on- wie offline vorgestellt und untersucht.

DIE RÜCKEROBERUNG DER ZEICHEN

Die Bezeichnung „Culture Jamming" geht auf die amerikanische Band Negativeland zurück, die in den 1980er Jahren damit ihre Form der Mediensabotage oder „Kommunikationsguerilla" beschrieb und dabei auf die Praxis des „Jammings" im Slang der CB-Funker verwies, die damit das Stören des Funkverkehrs durch schmatzende oder anstößige Geräusche bezeichnen.[6] Bekanntheit erlangte der Begriff zum Einen Mitte der 1990er Jahre durch den Aufsatz „Culture Jamming: Hacking, Slashing and Sniping in the Empire of Signs" des amerikanischen Kulturkritikers Mark Dery[7], zum Anderen durch Kalle Lasn, dessen Buch „Culture Jam: The Uncooling of America" 1999 die Konzepte und Ideen der Culture Jammer anschaulich wiedergibt. Lasn ist Gründer der Adbusters Foundation, einer der prominentesten und professionellsten Gruppierungen der Culture-Jamming-Szene, die sich selbst als Netzwerk von Künstlern, Aktivisten, Autoren, Studenten und „Pranksters"[8] beschreibt, dessen Ziel es ist, eine neue soziale Bewegung von Aktivisten im Informationszeitalter voranzutreiben.[9] Die in Kanada beheimatete Gruppe gibt das Adbusters Magazine heraus, ein Heft, das hinter seiner Hochglanz-Optik und Werbeästhetik gesellschaftliche und politische Themen der Gegenwart aufgreift: „The Adbusters magazine is like an exquisitely wrapped piece of barbed wire."[10] Bekannt sind vor allem die verfremdete Werbeanzeigen: so wird etwa aus der bekannten Werbung für Absolut Wodka mit „Absolute Impotence" eine Warnung vor den Nebenwirkungen des Alkoholkonsums.

Dery listet auf die Frage, was Culture Jamming sei, eine Bandbreite unterschiedlichster Formen auf:

> Media hacking, information warfare, terror-art, and guerrilla semiotics, [...] Billboard bandits, pirate TV and radio broadcasters, media hoaxers, and other vernacular media wrenchers who intrude on the

---

6   Vgl. Dery: „Culture Jamming", o.S.
7   Unter www.markdery.com finden sich neben aktuellen Blog-Einträgen auch Essays und weiter Publikationen.
8   „Prank" lässt sich mit Streich, Posse oder Eulenspiegelei übersetzen.
9   Adbusters.org: About, o.S.
10 Nome: „Culture Jamming", o.S.

intruders, investing ads, newscasts, and other media artifacts with subversive meanings are all culture jammers.[11]

Bei aller Diversität der genannten Formen finden sich in den Stellungnahmen der Culture Jammer häufig Verweise auf die Situationistische Internationale[12], deren Prinzip des Détournements als wesentliche Grundlage der Methoden subversiven Protests wiederkehrt. Détournement, verstanden als Umdeutung von Zeichen oder „Zweckentfremdung", stellt dabei das zentrale Verfahren dar, die Herrschaft des Warenkonsums und der Werbung zu bekämpfen.[13] Neben Guy Debord, Künstler und Philosoph aus dem Umfeld der Situationisten, und dessen Buch „Die Gesellschaft des Spektakels" von 1967, bildet Umberto Ecos Aufsatz „Für eine semiologische Guerilla" einen häufig wiederkehrenden Bezugs- und Abgrenzungspunkt in der Literatur von und über Culture Jammer.

Eine analytische Trennung der von Dery aufgeführten Techniken in Strategien, Taktiken oder Produktionsprinzipien fällt wegen deren Vielfalt und mangelnder Trennschärfe schwer, hinzu kommt eine sehr unterschiedliche theoretische Einordnung der einzelnen Elemente durch wissenschaftliche Autoren wie auch von Seiten der Akteure selbst: Lasn bezeichnet Détournement etwa als eine Strategie, und somit als langfristigen Ansatz, während es die deutschen Autoren des „Handbuchs Kommunikationsguerilla"[14] und die Autoren Düllo u.a.[15] als konkrete Methode kategorisieren. Waldvogel bezeichnet sowohl Culture Jamming selbst als auch die zugehörigen Methoden als Strategie: „Culture Jamming is the artistic strategy of civil disobedience [...]."[16] Die „Rückeroberung der Zeichen" (Lasn) wird auch zur Rückeroberung des öffentlichen Raumes: Die öffentliche Sphäre verliert ihr Potenzial als Forum freier Debatte im Habermasschen Sinne, je mehr Einfluss Medien-Mogule und Werbestrategen globaler Konzerne auf den (urbanen) öffentlichen Raum ausüben.[17]

Vince Carducci, einer der wenigen Sozialwissenschaftler, die sich mit den Ideen und Techniken der Culture Jammer auseinandersetzen[18], beschreibt Cul-

---

11 Dery: „Culture Jamming", o.S.

12 Auf eine ausführliche Darstellung der Zusammenhänge der Geschichte und Methoden der Situationistischen Internationale und deren Einfluss auf die Culture Jammer der Gegenwart soll hier verzichtet werden, exemplarisch dazu Klein: No Logo, S. 289ff.

13 Vgl. Wiegmink: Theatralität und öffentlicher Raum, S. 43ff.

14 Autonome a.f.r.i.k.a. Gruppe u.a.: Handbuch Kommunikationsguerilla.

15 Düllo u.a.: „Cultural Hacking".

16 Waldvogel: „Culture Jamming", S. 69.

17 Vgl. Lloyd: „Culture Jamming: Semiotic Banditry in the Streets".

18 So schreibt Carducci selbst, dass er bei seinen Recherchen im englischsprachigen Raum kaum Literatur finden konnte, die sich aus einer soziologischen Perspektive mit dem Thema auseinandersetzt (vgl. Carducci: „Culture Jamming", S. 118, 135), im deutschsprachigen Raum bestätigt auch Teune, dessen Diplomarbeit sich mit subversiven Pro-

ture Jamming als eine soziale Praxis mit Affinität zu gegenwärtigen sozialen Bewegungen, etwa dem Feminismus oder der Umweltbewegung.[19] Lasn selbst positioniert sich jedoch in seiner Selbstbeschreibung jenseits der „großen Themen" und distanziert sich von allen „Ismen". So sind für ihn Culture Jammer weder cool noch sind sie zynische Slacker, sie sind nicht akademisch und vor allem nicht „links": Die „linke Ecke" bezeichnet er als müde, selbstgefällig und dogmatisch:

> „Die Fragen unserer Zeit heißen nicht: links oder rechts, weiblich oder männlich, schwarz oder weiß. Die Aktivisten des neuen Jahrtausends müssen nur den Mut aufbringen, all die alten Orthodoxien, die ‚Ismen' und ‚heiligen Kühe' aufzugeben und ‚sich auf eine rücksichtslose Kritik alles Existierenden' einzulassen."[20]

Lasns Ausführung ähneln dabei den Diagnosen der „neuen Mitte" im Sinne Anthony Giddens': nach dem „Ende der Ideologien" seien die Dimensionen Links und Rechts angesichts neuer Herausforderungen (ökologische Fragen, Wandel von Familie und Lohnarbeit, kultureller Identität) bedeutungslos geworden.[21]

Mark Dery unterstellt vielen Culture Jammern, dass eine Akademisierung und Politisierung sie von Ihren eigentlichen Zielen entfernt und müde gemacht habe:

> Most jammers have little interest in the deliria that result from long immersion in the academic vacuum, breathing pure theory. They intuitively refuse the rejection of engaged politics typical of postmodernists like Baudrillard [...].[22]

Als Folge dessen findet bei einigen Aktivisten eine explizite Ablehnung politischer Verortbarkeit statt: Die Italiener Eva und Franco Mattes, als Künstlerduo 0100101110101101.org für die unten beschriebene Aktion *Nikeground* mitverantwortlich, distanzieren sich in einem Interview mit dem Betreiber der Website www.culture-jamming.de[23] davon, als linke Aktivisten beschrieben zu werden. Franco Mattes antwortet auf die Frage, ob sie von der Situationistischen Internationale beeinflusst seien, dass er nie Debords „Gesellschaft des Spektakels" gelesen habe und überrascht sei, dass sie in Europa ständig mit den Situationisten verglichen würden.

---

testformen auseinander setzt, dass die soziologische Perspektive in der Forschungsliteratur nahezu nicht präsent ist (vgl. Teune: Kommunikationsguerilla, S. 7).
19 Carducci: „Culture Jamming", S. 129f.
20 Lasn: Culture Jamming, S. 128.
21 Vgl. exemplarisch Giddens: Der dritte Weg, S. 57.
22 Dery: „Culture Jamming".
23 Culture-Jamming.de: An Interview with Eva and Franco Mattes, o.S.

Andere Akteure aus dem Umfeld der Culture Jammer beziehen dabei deutlicher Stellung und gebärden sich wesentlich deutlicher politisch: Die Autoren des Handbuch Kommunikationsguerilla verstehen ihr Tun als Teil eines Prozesses, der gesellschaftliche Herrschaftsverhältnisse, und damit Nationalismus, Sexismus, Rassismus und Kapitalismus, kritisiert und angreift[24] und nähern sich damit wieder den explizit system- und kapitalismuskritischen Forderungen, wie sie Guy Debord für die Situationisten formulierte.

CULTURAL HACKING: NEUE FORMEN DURCH ELEKTRONISCHE MEDIEN

Umberto Eco beschreibt bereits in einem Aufsatz von 1978 die subversive Kraft des „elektronischen Dissens"[25]: Würden alle Kunden ihrem Telefonanbieter bei der Überweisung ihrer Telefonrechnung einen Cent zu viel bezahlen, würde der administrative Aufwand, nahezu gleichzeitig tausenden von Kunden diesen Cent zurück zu überweisen, die Computersysteme kollabieren lassen.

Das Beispiel lässt vor dem Hintergrund der heutigen Verhältnisse schmunzeln, verdeutlicht jedoch die steigenden Möglichkeiten wachsender Technologisierung des Alltags. Heute sprechen wir von „Cultural Hacking"[26] oder „Cyberjamming"[27] als Methoden, eine Internetöffentlichkeit zum Publikum wie zum Akteur subversiver Aktionen werden zu lassen. Fanden die Aktionen der Billboard Liberation Front[28] (einer Gruppe kalifornischer Aktivisten, die seit fast 30 Jahren großformatige Plakatwände, „Billboards", manipuliert) zunächst noch im urbanen öffentlichen Raum statt, weil dies die Sphäre war, die durch die Omnipräsenz von Werbebotschaften durchdrungen wurde, entstand mit dem neuen Raum des World Wide Web eine neue Form der Öffentlichkeit[29], die schnell von den gleichen Mechanismen der Werbung eingenommen ihr Potenzial der Freiheit und Offenheit für alle einbüßen musste.

Durch die Verschmelzung der „realen" Welt mit den Sphären des Internet entsteht so ein „Kommunikationsraum, der das, was in den 1980er und 1990er Jahren mit viel Faszination als ‚Cyberspace' diskutiert wurde, weit in den Schatten stellt."[30] Auch die Aktivisten der Autonomen a.f.r.i.k.a Gruppe formulieren die These, dass Internet sei kein neuer, abgeschlossener Raum des politischen Protests, da es lediglich eine Rekombination bereits bestehender sozialer Strukturen und Praxen sei. Für Sie stellt das Internet kein „unabhängiges Paralleluniversum" dar, sondern dient vielmehr der Vernetzung der Aktivisten und zeichnet sich

---

24 Autonome a.f.r.i.k.a. Gruppe u.a.: Handbuch Kommunikationsguerilla, S. 6.
25 Vgl. Eco: „Die Fälschung und der Konsens", S. 164.
26 Vgl. Liebl: „The Art and Business of Cultural Hacking".
27 Vgl. Lasn: Culture Jamming.
28 Vgl. Billboard Liberation Front: „The BLF Manifesto".
29 Siehe auch den Beitrag Niesyto in diesem Heft.
30 Hamm: „Indymedia", S. 1.

durch neue Möglichkeiten von Kommunikation und Interaktion aus.[31] Diese Einschätzung von Seiten der Aktivisten deckt sich mit Diagnosen der Bewegungsforschung, dass das Internet Desintermediation begünstigt, die Grenzen zwischen Binnen- und Außenkommunikation verwischt[32], sowie einen Zugewinn an Definitions- und Deutungsmacht gerade für ressourcenschwache Akteure bedeuten kann.[33]

Eine Protestkampagne, die solche neuen Formen des Culture Jammings im virtuellen Raum erfolgreich mit ihren „klassischen" Aktionsformen verband, ist die Aktion „Deportation Class". Am 20. Juni 2001 um 10 Uhr hatten tausende „Demonstranten" mit Hilfe eines von den Kampagnenorganisatoren zur Verfügung gestellten Software-Tools die Website der Lufthansa „belagert" und so gegen die Praxis der Abschiebung illegaler Flüchtlinge durch die Lufthansa protestierte, woraufhin aufgrund der hohen Zugriffszahlen die Seite für mehrere Minuten nicht erreichbar war. Der wesentliche Teil der Kampagne spielt sich zwar im realen Raum ab, etwa durch klassische Demonstrationen, das mediale Echo war hingegen nach der Online-Demo und nach dem richtungsweisenden Gerichtsurteil[34] um ein vielfaches höher, als es die Organisatoren mit konventionellen Mittel hätten ereichen können.[35] Die Initiatoren der Online-Demo (Libertad und Kein Mensch ist illegal) konnten nach gewonnener gerichtlicher Auseinandersetzung mit dem Konzern mit Recht behaupten: „Online protest is not a crime!"[36] und erklärten das Internet zum gleichberechtigten Ort für Proteste und Demonstrationen.

Die zukünftigen Untersuchung neuer computergestützter Formen von Aktivismus stellt die Forschung vor neue Herausforderungen: der Protestforscher Karl Palmås forderte jüngst auf, zunächst die Frage zu klären, ob es sich bei „Hacktivism" tatsächlich um eine neue Form des Aktivismus handelt und unter welchen Umständen diese Forme erfolgreich sein können.[37]

CULTURE JAMMING IN ANTI CORPORATE-CAMPAIGNS

> Kurz gesagt, es gibt einen Markt für Culture-Jamming. Nachdem sogar die Autoritäten Religion, Politik uns Schule vom Kommerz überschwemmt wurden, sind die

---

31 Vgl. Autonomen a.f.r.i.k.a Gruppe: „Stolpersteine auf der Datenautobahn", S. 199.

32 Vgl. exemplarisch: Della Porta: Globalisation from Below, S. 93.

33 Vgl. Scott/Street: „From Media Politics to E-Protest?", S. 46.

34 Im Juli 2005 revidierte das Oberlandesgericht Frankfurt die Entscheidung des Amtsgerichts Frankfurt und entschied, dass der Organisator der Online-Demonstration weder eine Nötigung noch eine Ordnungswidrigkeit begangen habe.

35 Vgl. Initiative Libertad: „Die Online-Demo gegen Lufthansa ", S. 63ff.

36 Initiative Libertad: „Come In and Go On", S. 9.

37 Palmås: „From Jamming the Motor to Hacking the Computer", S. 15.

Konzerne zu natürlichen Zielen jeder Form von ungebundener Wut und Rebellion geworden.[38]

In seinem Buch „Culture Jamming" von 1999 formuliert Lasn 5 „Metameme", die illustrieren können, welche politischen und gesellschaftlichen Ideen und Utopien hinter dieser ästhetisch-künstlerischen Form von politischem Protest stehen: Culture Jammer können laut Lasn Meme erzeugen, „die besser sind als die kommerziellen"[39], die ihrerseits einen Paradigmenwechseln erzeugen könnten, wenn nur ein kleiner Teil der Bevölkerung diese Ideen unterstützen würde. Ein Mem lässt sich als eine „Informationseinheit, die von Gehirn zu Gehirn springt" verstehen, die „in der Öffentlichkeit weitergereicht [wird] wie Gene innerhalb einer Spezies".[40] Anders ausgedrückt lassen sich Meme als etablierte Deutungsmuster und Kollektivsymbole beschreiben, die es zu hinterfragen und umzudeuten gilt. Als gelungenes und inspirierendes Beispiel nennt Lasn die Erfolge der Anti-Tabak-Lobby seit den 1960er Jahren bis zum Beginn des neuen Jahrtausends und die Anti-Rauch-Werbung mit prominenten Lungenkrebs-Patienten und Röntgen-Aufnahmen von Raucherlungen: „Das Anti-Raucher-Mem schlug das Zigaretten-Mem."[41]

Zieht man Lasn als „Sprachrohr" der Culture-Jammer-Bewegung heran, sollte bedacht werden, dass er nicht unumstritten ist und seine Aussagen auch in den eigenen Kreisen kritisch diskutiert und teilweise abgelehnt werden.[42] Lasns Sichtweise stellt so ausdrücklich keine allgemeingültige, normative Zielsetzung „der" Culture Jammer dar, sie soll jedoch an dieser Stelle dazu dienen, die grundsätzlichen politischen Ideen hinter der künstlerischen Aktion nachzeichnen zu können.

In der Auflistung der „fünf stärksten Metameme aus dem Culture-Jammer-Labor"[43] führt Lasn Deutungsmuster auf, deren Verbreitung sich als Ziel jeglicher Form des Culture Jammings verstehen:

> **Tatsächliche Kosten**: Im globalen Markt der Zukunft wird der Preis jedes Produktes Auskunft über seine ökologische Realität geben.
>
> **Demarketing**: Es ist Zeit, Produkte unverkäuflich zu machen und die Macht des Marketings gegen sich selbst zu wenden.
>
> **Das Desaster-Mem**: Die globale Wirtschaft ist eine Desaster-Maschine, die angehalten werden und neu programmiert werden muss.

---

38 Klein: No Logo, S. 297f.
39 Lasn: Culture Jamming, S. 129.
40 Lentos Kunstmuseum Linz: Just Do It, S. 197.
41 Lasn: Culture Jamming, S. 131.
42 So wird in zahlreichen Foren kritisch über Lasn und die Adbusters diskutiert, exemplarisch siehe auch Meadows: „Kalle Lasn is Mad as Heck".
43 Lasn: Culture Jamming: S. 12f.

Konzerne haben kein Ich: Konzerne sind keine natürlichen Personen mit in der Verfassung verbrieften Rechten und eigenen Freiheiten, sondern vom Gesetz geschützte Fiktionen, die wir selbst geschaffen haben und daher kontrollieren müssen.

Die Medien-Charta: Jeder Mensch hat das Recht, zu kommunizieren, und das heißt, Informationen über alle möglichen Medien zu empfangen und zu versenden.[44]

Lasns „Metameme" weisen mehrere auffallende Parallelen zu den Forderungen konzernkritischer Kampagnen auf: Die Kampagnen fordern etwa eine transparente Produktgeschichte, die dem mündigen Bürger erlaubt, den Kauf von Produkten aus Kinderarbeit oder gentechnisch veränderte Lebensmittel zugunsten von fair und sauber produzierten Waren abzulehnen.[45] Darüber hinaus sprechen sich viele Kampagnen für die Übernahme gesellschaftlicher Verantwortung durch Unternehmen aus, sei es als Selbstverpflichtungen von Unternehmen im Sinne einer „Corporate Social Responsibility" oder in Form einer Änderung der politischen Rahmenbedingungen, etwa stärkeren Kontrollen. Nicht zuletzt bildet die Herstellung einer alternativen Öffentlichkeit oder Gegenöffentlichkeit einen Kernaspekt konzernkritischer Kampagnen: Wenn Politik und Massenmedien darin versagen, Bürger und Konsumenten kritisch über verbraucherrelevante Themen zu informieren, müssen zivilgesellschaftliche Akteure diese Aufgabe übernehmen.[46]

Dass Protestkampagnen Techniken des Culture Jammings nutzen, kann also an einer geteilten Kritik bestehender gesellschaftlicher Verhältnisse liegen, eine Kritik, die die Machtverhältnisse der Medien und globaler Konzerne mit der Unzufriedenheit mit bestehenden politischen Beteiligungsmöglichkeiten verknüpft.[47] Machen Kampagnen Gebrauch von subversiven Methoden der Medien- und Konzernkritik, vermischen sich die Sphären, die Boltanski und Chiapello als „Sozialkritik" und „Künstlerkritik" differenzieren:[48] Verkürzt dargestellt speist sich Sozialkritik dabei aus einer Kritik am flexiblen Kapitalismus und dessen ungerechten Verteilungsmechanismen, Künstlerkritik betrifft stärker die Kritik an der Verschränkung von Kapitalismus und Kultur. Während sich die Aktivisten aus den Reihen der Culture Jammer allerdings kritisch mit der Konsum- und Kommerzkultur auseinandersetzen, findet in Anti-Corporate Campaigns aus den Reihen der sozialen Bewegungen eine aktive Auseinandersetzung mit der Politisierung von Konsum und dessen Folgen statt, was den einzelnen Konsumenten und sein Alltagshandeln in den Mittelpunkt der Protestaktionen stellt. Mit Lamla lässt sich die

---

44 Ebd., S. 129f.
45 Vgl. exemplarisch Kneip/Niesyto: „Politischer Konsum und Kampagnenpolitik".
46 Vgl. Löding u.a.: „Geheimwaffe CSR".
47 Vgl. Jörke: „Warum Postdemokratie?", S. 40.
48 Vgl. Lamla: „Politisierter Konsum – Konsumierte Politik", S. 18ff.

Frage stellen, ob das geteilte Element des *politisierten Konsums* beide Kritikmuster zusammenführen kann, indem es „Entfremdungserfahrungen und ökonomische Ausbeutungsbeziehungen"[49] aufzeigt.

Diese Politisierung des Konsums lässt dem Verbraucher eine neue Rolle zukommen, die des *politisch handelnden Konsumenten*, eine Kategorie, die die Rolle des politischen Bürgers und Konsumenten vermischt.[50] Konzernkritische Kampagnen nutzen die neue Rolle politisch sensibilisierter Konsumenten, um politische Entscheidungen nicht durch Möglichkeiten klassischer politischer Partizipation und der Hoffnung auf daraus resultierende Änderungen rechtlicher Rahmenbedingungen, sondern auf direktem Wege, durch Adressierung der betreffenden Unternehmen, zu erwirken. Die im Folgenden vorgestellten Beispielfälle verdeutlichen diese unterschiedlichen Ansätze: Während attac aus der Perspektive der Sozialkritik heraus Culture Jamming zur Unterstützung der Kampagnenforderungen einsetzte und deren Kritik sich gegen ein konkretes Unternehmen richtete, speiste sich die Nikeground-Kampagne nicht aus der Kritik an den Produktionsverhältnissen Nikes, sondern aus dessen exemplarischer Rolle in einer globalisierten „gebrandeten" Welt.

Am einleitend genannten Beispiel der gegen Lidl gerichteten attac-Kampagne lassen sich die Möglichkeiten illustrieren, die der Einsatz von Techniken des Culture Jammings zur Mobilisierung von Verbrauchern bietet. Die Kampagne „Lidl ist nicht zu billigen" startete im August 2005 und verfolgte das Ziel, Verbraucher über die Praxen des Lohn- und Preisdumpings des Discounters aufzuklären.[51] Die Kampagnenwebsite und Informationsmaterialen wurden dabei an das eingängige Design Lidls angelehnt. Im Mittelpunkt stand dabei das bekannte Lidl-Logo, das zunächst nur wenig verfremdet wurde, indem das „i" nach unten versetzt an eine fallende Person erinnerte. Dabei war die Kampagnenleitung mit diesem ersten Entwurf eher unzufrieden[52], woraufhin Alternativen ersonnen wurden, welche die Aussage des „Adbustings" konkretisierten: Bestand die Person zu Beginn nur aus einem schräg gestellten „i" im Wort „Lidl", wurde später durch die Veränderung in einen Comic-Stil der Eindruck eines fallenden Menschen offensichtlicher und die kritische Botschaft eindeutiger (siehe Abb. 2): Das mit „Lidl lässt fallen" betitelte Logo illustriert so etwa den Begriff „Sozialdumping" plastisch, behält aber die Ähnlichkeit zum Original bei.

---

49 Ebd.

50 Vgl. etwa Scammell: „The Age of Civil Engagement", S. 351; Bennett: „Branded Political Communication", S. 101f.

51 Zur Dokumentation der Kampagne siehe Löding u.a.: Konzern, Kritik, Kampagne!

52 Schulze: Interview.

Abb.2: Entwicklungsschritte des Kampagnenlogos. Quelle: http://www.attac.de/archive/lidl/ www.attac.de/lidl-kampagne/indexb182.html?id=100

Die Logos sowie weitere abgeänderte Entwürfe (etwa „Leid" statt „Lidl" oder der Spruch „Von Ausbeutung kann ich ein Lidl singen"), allesamt von Kampagnenmitgliedern erdacht und erstellt, standen auf der Website zum Download bereit. Den Aktivisten stand so eine Reihe von Aufhängern für Ihre Publikationen, Plakate und Banner zur Verfügung, die durch die bekannte Farbgebung in Primärfarben und die große Ähnlichkeit zum Original einen hohen Wiedererkennungswert bieten konnten. Auch die Kampagnenwebsite[53] nutzte die Grundfarben und das Logo, ergänzt durch das „attac-Orange" (Auch attac betreibt auf diese Weise „Branding" durch die Verwendung eines einheitlichen Designs). Die attac-Kampagne nutze so Culture Jamming vor allem als Medium, das die Aufmerksamkeit sowohl der Kunden als auch der Medien erregen konnte.

Das „Plagiat", gedruckt in einer Auflage von 90.000[54], ermöglichte es den Kampagnenaktivisten die unbedarften Lidl-Kunden in kürzester Zeit über die Missstände der Arbeits- und Produktionsbedingungen des Discounters zu informieren. Ein weiteres Protestmedium stellte darüber hinaus ein Einkaufswagenchip dar, der mit dem Slogan „Lidl ist nicht zu billigen" und der Web-Adresse „www.attac.de", sowie einem „Frownie", einem mürrisch schauenden Smiley, bedruckt war. Die kostenlosen Chips konnten online bestellt und an Lidl-Kunden verteilt werden. Einkaufswagenchips haben einen praktischen Wert (besonders, wenn Sie direkt vor dem Supermarkt verteilt werden), stellen ein recht beliebtes

---

53 Nach dem Ende der offiziellen Kampagne und dem Relaunch der attac-Websites nur noch in derern Archiv verfügbar: http://www.attac.de/archive/lidl/www.attac.de/lidl-kampagne/index0055.html?id=11.

54 Sundermann/Schulze: Leistungen und Erfolge der attac-Lidl-Kampagne, S. 1.

Werbemedium dar und können so auch skeptischere Kunden erreichen, die Flyer gar nicht erst annehmen würden.

Für den damaligen Kampagnenleiter Kay Schulze besteht der Vorteil der Adbustings darin,

> [...] dass sie denselben Kanal nutzen wie die eigentliche Konzernwerbung auch, also sie setzten sozusagen auf einen gängigen Kommunikationskanal auf und bringen dann [...] eine andere Botschaft rein.[55]

Dabei weist er auch einschränkend darauf hin, dass der Informationsgehalt im Mittelpunkt stehen soll und die „Spielerei [...] nicht zum Selbstzweck werden [darf].[56] Schulzes kritische Einschätzung verweist auf die Gratwanderung zwischen authentischer Wiedergabe des Designs der verfremdeten Marke und der geschickten, mehr oder minder unterschwelligen Einflechtung der Gegenbotschaft: Die größte Herausforderung an die Verfremdung ist, dass sie deutlich genug sein muss, aber nicht zu offensichtlich sein darf.[57] Die Autoren des „Handbuchs Kommunikationsguerilla" erklären die subversive Wirkung solcher manipulierten Medien mit der Aufhebung der bekannten Wahrnehmungsmuster und der so entstehenden kurzzeitigen Verwirrung des Rezipienten. Auf diese Weise wird eine Distanz zur Situation und zu den üblichen Wahrnehmungsmustern ermöglicht, es können Paradoxien, Brüche, Widersprüche aufgedeckt werden.[58]

Die Störung gewohnter Wahrnehmungsmuster war das erklärte Ziel einer Kampagne, die im Jahr 2003 über mehrere Wochen lang Wiener Bürger irritieren konnte. Die von den italienischen Künstlergruppe 0100101110101101.org und der Wiener Netzkulturinitiative Public Netbase initiierte Kampagne baute auf der Meldung auf, der Wiener Karlsplatz solle in „Nikeplatz" umbenannt und mit einem meterhohen monumentalen „Swoosh", dem Nike-Logo, versehen werden. Ende September 2003 wurde auf dem Karlsplatz eine Infobox installiert, während zeitgleich die Website www.nikeground.com Hintergrundinformationen zum Projekt lieferte. Als Teil der Inszenierung stellte sich im Nachhinein auch die Bürgerinitiative „Öffnet den Karlsplatz" heraus, die in zahlreichen Leserbriefen wie auf ihrer Website verkehrshoelle.at gegen die Umbenennung protestiert hatte. Ziel der Initiatoren war es, eine Diskussion über öffentliche Räume anzustoßen, wie es der Untertitel der Kampagne „Rethinking Space" fordert: „We wanted to produce a collective hallucination capable of altering people's perception of the city in this total, immersive way",[59] wobei sich Franco Mattes von 01.org in einem weitern Interview von einer konkreten Zielsetzung oder Erfolgserwartung distanziert

---

55 Schulze: Interview.

56 Ebd.

57 Vgl. Autonome a.f.r.i.k.a Gruppe u.a.: Handbuch Kommunikationsguerilla, S. 46f.

58 Ebd.

59 Ebd.

und die Irritation der Bevölkerung in den Mittelpunkt stellt: „We wanted to trick an entire city and any reaction was welcome."⁶⁰ Im Gegensatz zum Beispiel der attac-Kampagne stellt die Nikeground-Kampagne die Prinzipien des Culture Jammings sowohl in deren Form als auch inhaltlicher Ausrichtung in den Mittelpunkt, wobei vor allem die professionelle Umsetzung des „Fakes" zu dessen Glaubwürdigkeit beitrug.

Die Flash-basierte Fake-Website[61] kopiert Design und Ästhetik des tatsächlichen Web-Auftritts der Firma Nike bis ins Detail:[62] Nach einem kurzen Intro baut sich die Seite auf, sie zeigt einen Läufer und dessen Schatten im Hintergrund und titelt: „If you want to wear it, why shouldn't cities wear it too?" und weist dabei nicht nur stilistische Ähnlichkeiten in Form der Vermischung von Werbung, unterhaltenden Inhalten und der Flash-Ästhetik zum echten Webauftritt Nikes auf. Auch inhaltlich imitiert die Fake-Site den Stil Nikes, wenn von „Visionen", „Träumen" und dem „Geist moderner Metropolen" gesprochen wird und eine Stimmung des Umbruchs und der Innovation heraufbeschworen wird: Das Harz, mit dem das Swoosh-Monument überzogen werden soll, ist ebenso wie das gesamte Projekt „revolutionär", der vermeintliche ausführende Künstler beschreibt sein Werk als „Objekt für moderne Rebellen". Ein Blick auf die Darstellung der Firmengeschichte Nikes auf der wahren Unternehmenswebsite offenbart, wie nah diese Persiflage an den tatsächlichen Stil Nikes angelehnt ist. Wesentlich zum Erfolg des Projekts trug darüber hinaus die Tatsache bei, dass zum Zeitpunkt der Kampagne in Österreich keine Impressumspflicht für Websites bestand und so die wahren Urheber der Website anonym bleiben konnten.[63]

Nike sah sich bald gezwungen, eine Pressemitteilung herauszugeben und mitzuteilen, dass es sich bei den Urhebern der Aktion nicht um Nike handelte und alles ein Schwindel sei. Das Unternehmen ging im Anschluss gerichtlich gegen die Urheber des Projektes vor, musste sich ihnen gegenüber jedoch geschlagen geben und zog schließlich die Klage zurück.[64]

Mit der Offenlegung des Fakes und der Täuschung der Wiener Bürger, Politiker und Medien nahm das Projekt direkten Bezug auf den Ge- und Missbrauch kollektiver Identitätsmuster, indem es zum einen den Inhalt der Täuschung (Branding im öffentlichen Raum) als auch deren Form (Ausnutzen der Corporate Identity Nikes und Manipulation der Medien) thematisierte. Genau diejenigen Identitätsmuster, die das Projekt erfolgreich zur Täuschung der Bevölkerung eingesetzt

---

60 Culture-Jamming.de: „An Interview with Eva and Franco Mattes", o.S.
61 Da Nikes juristische Interventionen ohne Erfolg blieben ist die Website nikeground.com noch online.
62 Zur systematischen Analyse der Elemente einer Website, die nachhaltig zum Branding beitragen, vgl. Rowley: „Online-Branding".
63 Seit dem 1. Mai 2005 gilt in Österreich das Mediengesetz und damit eine Impressumspflicht auch für Websites.
64 Zur ausführlichen Dokumentation der Kampagne siehe auch 0100101110101101.org: „The Hardly Believable Nike Ground Trick".

hatte, wurden durch die Dekonstruktion des Projekts kritisiert, indem ihre Funktionsweise offengelegt wurde. Die Taktik der „Erfindung falscher Tatsachen zur Schaffung wahrer Ereignisse", wie sie die Autoren des Handbuchs Kommunikationsguerilla beschreiben, stellt eben diese beiden Ebenen heraus:

> Es gibt Erfindungen, die erst subversiv wirken, wenn Sie aufgedeckt werden. Denn erst in diesem Moment kann die Frage thematisiert werden, warum alle die erfundene Tatsache glauben wollten. Dabei wird nicht nur gezeigt, wie diese Erfindung glaubhaft werden konnte. Darüber hinaus wird das Regelwerk der Produktion von Ereignissen insgesamt zum Thema, mögen sie nun erfunden sein oder nicht.[65]

Das Fake funktionierte durch die annähernd perfekte Imitierung der Ästhetik, Philosophie und Corporate Identity Nikes. Im Web wie auch vor Ort auf dem Karlsplatz ließ sich so die Glaubwürdigkeit des Projektes kaum anzweifeln- die Wiener Bürger waren auf die Fälschung hereingefallen, weil die erfundenen Identitäten der beteiligten Akteure glaubwürdig und nahe genug an der Wirklichkeit waren. Dies gilt für die buchstäbliche Identität der Initiatoren der Bürgerinitiative wie für die Merkmale der Corporate Identity Nikes, die per Website, Infobox und durch die dort informierenden Mitarbeiter transportiert wurden. Die formalen Funktionsweisen der Marketingstrategien Nikes wie auch die Vorgehensweise der Bürgerinitiative wurden bis ins Detail konstruiert und imitiert.

Der Claim „Rethinking Space" wurde bei der Offenlegung der gesamten Kampagne erneut aufgegriffen, ebenso wie im Fake wurde das Überdenken der Nutzung der öffentlichen Raumes gefordert, schloss nun aber an die Kritik an dessen Nutzung in der vermeintlichen Nike-Kampagne an. „Rethinking Space" wurde im Fake als Aufforderung zur Aneignung des öffentlichen Raumes durch junge, moderne Kosmopoliten verstanden, welche Traditionen wie die Benennung von Plätzen mit „unmodernen, lebensfernen" Namen brechen und so „Innovation und Inspiration zu den Menschen da draußen"[66] bringen sollten. Genau diese Aneignung des öffentlichen Raumes durch Marken und eben diese emotionale, ideologische und revolutionäre Aufladung der Werbung, denn nichts anderes als eine gigantische satirische Werbekampagne stellt das Fake dar, kritisiert das Projekt. Der Kampagnenleiter Konrad Becker stellte die Bedeutung des Begriffs „Raum" zwischen der Ökonomisierung der Lebensbereiche und der Wahrung öffentlicher Interessen als neuralgischen Punkt des gesamten Projektes heraus:

> [...] wir haben versucht, einen Zusammenhang zwischen dem, was im symbolischen Raum stattfindet, und dem, was im realen Raum stattfindet, herzustellen [...] Im konkreten Fall sind dann unsere Fragestellungen auch ‚Was ist überhaupt ein öffentlicher Raum?', ‚Wie sind die

---

65 Autonome a.f.r.i.k.a. Gruppe u.a.: Handbuch Kommunikationsguerilla, S. 61.
66 Vgl. Nikeground.com.

> Zeichen und Bedeutungen in diesem öffentlichen Raum konnotiert?'
> [...] Und da geht es natürlich auch um die Frage inwieweit dieser öffentliche Raum überhaupt noch existiert oder inwieweit private nur Interessen bedient werden.[67]

In Nike als „prototypische Supermarke der Neunzigerjahre", die „in riesigen Bissen kulturellen Raum verschlingt"[68] fanden die Kampagneninitiatoren die ideale Vorlage für eine umfassende Kritik am Prinzip des „Branding" urbaner Öffentlichkeit.

Mit Ihrem Bestseller No Logo verknüpfte Naomi Klein zu Beginn des neuen Jahrtausends die Kritik an der zunehmenden Bedeutung des Branding mit globalisierungskritischen Themen. Kleins Beschreibung des „Markenwahns" und der Rolle der globalen Konzerne im Kampf um Marktanteile errichte auch außerhalb der globalisierungskritischen Bewegung hohe Resonanz. Branding, also das Prinzip, statt des konkreten Produkts den Lebensstil und das Image einer Marke zu bewerben, bedeutet dabei mehr als Marketing, mehr als Werbung mit raffinierteren Mitteln.[69] Durch Branding wird kein konkretes Produkt, sondern eine Marke verkauft – Tommy Hilfiger etwa „ist eigentlich kein Kleiderhersteller; sein Geschäft besteht darin, Kleider zu *signieren* [Hervorhebung d. A.]."[70] Der Konsum wird so zum identifikationsstiftenden Moment, der keine tatsächliche Nachfrage mehr befriedigt, sondern diese erst konstruiert.

Von Seiten der Culture Jammer wird das Prinzip des Branding als eines der wesentlichen Merkmale der postfordistischen Konsumgesellschaft und somit als zentraler Hebelpunkt der Kritikansätze der Culture Jammer betrachten:

> Branding ist the key to culture jamming in its broadest political sense [...] Branding connects semiotic terrorism to the general corporate and state cultural codes that are the ultimate targets of culture jamming.[71]

Besteht der Wert der Marke nur noch aus deren Image, wird die Marke umso mehr anfällig für subversive Kritik: Schaffen es Kampagnen, ein Modelabel „weniger cool"[72] zu machen, wird der virtuelle Wert der Produkts, nämlich sein Potential als Identitäts- und Lebensstil definierendes Moment, angegriffen. Die Popularität der Marke kann gegen sie selbst gewendet werden und „das leere Innenleben

---

67 Becker: Interview.
68 Klein: No Logo, S. 68.
69 Häusler/Fach: „Branding", S. 33.
70 Klein: No Logo, S. 45.
71 Jordan: Activism!, S. 108.
72 Vgl. Lasn: Culture Jamming, S. 133.

des Spektakels"⁷³ hervorkehren: „Culture Jamming is a strategy that turns corporate power against itself by co-opting, hacking, mocking and re-contextualizing meanings."⁷⁴ Diese Macht nutzen auch konzernkritische Kampagnen, um sich Gehör zu verschaffen und Bürger und Konsumenten mittels subversiver Techniken auf Missstände der Produktions- und Arbeitsbedingungen aufmerksam zu machen, wie es etwa attac mit dem Slogan „Lidl ist nicht zu billigen" versuchte. Bennett spricht dabei von der „Geiselnahme" des wertvollsten Produktes eines Unternehmens: seines Markenimages.⁷⁵ In diesem Sinne nahmen die Macher des Nikeground-Projektes die Marke Nike als Geisel und konnten für kurze Zeit die Botschaften hinter der Marke unterwandern. Die Offenlegung des Schwindels offenbarte eine umfassende Kritik am „Branding" der Öffentlichkeit und an der Kommerzialisierung von Kultur und Alltag.

CULTURE JAMMING – „JUST ANOTHER BRAND?"⁷⁶

Ungeachtet der potentiellen Erfolge bei der Erzeugung von Deutungsrahmen durch den subversiven Transport von Kampagnenbotschaften verspricht der Einsatz von Techniken des Culture Jammings zuerst einmal Aufmerksamkeit. Culture Jamming sorgt für Sichtbarkeit, in dem es Blicke auf sich zieht und es somit vermag, aus einer potenziellen Öffentlichkeit eine tatsächliche entstehen zu lassen, etwa wenn kreative Plakate auf einer Demonstration ein attraktives Fotomotiv für Lokalreporter abgeben oder spektakuläre Inszenierungen im Internet das Interesse der Massenmedien wecken. Kreativität wird so zur grundelgenden Ressource von Protestkampagnen, um Aufmerksamkeit zu erzeugen, ohne dass Massen oder prominente Fürsprecher mobilisiert werden müssen.⁷⁷ Das Internet vereinfacht dabei nicht nur die Distribution der so entstehenden Artefakte und die Kooperation unter den Künstlern und Aktivisten, sondern kann, wie die Beispiel des Nikeground-Projektes oder die Aktion Deportation Class zeigen, neue Formen subversiver Aktionen erst ermöglichen. Dabei erzielen die Kampagnen in erster Linie aufmerksamkeitökonomische Erfolge in Form massenmedialer Präsenz, was ihnen ermöglicht, Inhalte und Forderungen der Kampagne einer größeren Öffentlichkeit bewusst zu machen, aber stets die Gefahr beinhaltet, dass die Berichterstattung das „Spektakel" in den Mittelpunkt stellt und die Hintergründe weitgehend ausblendet.

Abschließend bleibt die Frage, ob Methoden des Culture Jammings in ihrem aufklärerischen Gestus überhaupt noch produktiv genutzt werden können, wenn

---

73 Ebd.

74 Peretti: „Culture Jamming, Memes, Social Networks, and the Emerging Media Ecology", o.S.

75 Bennett: „Branded Political Communication", S. 110.

76 Lloyd: „Culture Jamming", o.S.

77 Vgl. Rucht: „Einführung", S. 186f.

allen voran die Werbeindustrie diese subversiven Methoden „stiehlt" und für ihre Zwecke ausnutzt: So bewirbt der Coca Cola Konzern seine Limonade Sprite mit dem Slogan „Image is nothing" und der Autohersteller Dacia versammelt in einem Werbeclip allerlei linke Ikonen wie Che Guevara, Marx und Lenin und verkündet: „It's Time to start another Revolution." Die Umdeutung der Zeichen bleibt nicht den Revolutionären vorbehalten, bisweilen werden auch sie „rebranded".

LITERATURVERZEICHNIS

0100101110101101.org: „The Hardly Believable Nike Ground Trick. Nike Buys Streets and Squares: Guerrilla Marketing or Collective Hallucination?" http://0100101110101101.org/home/nikeground/story.html, 20.07.2008.

Adbusters Foundation: „About", http://adbusters.org/about/adbusters, 20.07.2008.

Autonome a.f.r.i.k.a Gruppe u.a. (Hrsg.): Handbuch der Kommunikationsguerilla, Berlin 2001.

Autonome a.f.r.i.k.a. Gruppe: „Stolpersteine auf der Datenautobahn?", in: Amman, Marc (Hrsg.): go.stop.act. Die Kunst des Kreativen Straßenprotests, Frankfurt a.M. 2007.

Becker, Konrad: Interview im Rahmen des Projekts „Protest- und Medienkulturen im Umbruch" der Universität Siegen, durchgeführt von Veronika Kneip am 26.02.2007.

Bennett, Lance: „Branded Political Communication. Lifestyle Politics, Logo Campaigns, and the Rise of Global Citizenship", in: Michelette, Michele u.a. (Hrsg): Politics, Products, and Markets: Exploring Political Consumerism Past and Present, New Brunswick/London 2004, S. 101-126.

Billboard Liberation Front: „The BLF Manifesto", http://www.billboardliberation.com/manifesto.html, 20.07.2008.

Carducci, Vince: „Culture Jamming: A Sociological Perspective", in: Journal of Consumer Culture 2006, Nr. 6, S. 116-138.

Culture-Jamming.de: „An Interview with Eva and Franco Mattes aka 01.org", http://www.culture-jamming.de/interviewlle.html, 20.07.2008.

Della Porta, Donatella u.a.: Globalization from Below. Transnational Activists and Protest Networks, Minneapolis/London 2006.

Düllo, Thomas u.a.: „Before and After Situationism – Before and After Cultural Studies. The Secret History of Cultural Hacking", in: Düllo, Thomas/Liebl, Franz (Hrsg): Cultural Hacking. Kunst des strategischen Handelns, Wien 2006, S. 13-46.

Dery, Mark: „Culture Jamming", http://www.markdery.com/archives/books/culture_jamming/#000005#more, 20.07.2008.

Eco, Umberto: „Die Fälschung und der Konsens", in: Eco, Umberto (Hrsg.): Über Gott und die Welt, München/Wien 1985, S. 163-169.

Giddens, Anthony: Jenseits von links und rechts, Frankfurt a.M. 1997.

Häusler, Jürgen/Fach Wolfgang: „Branding", in: Bröckling, Ulrich u.a. (Hrsg): Glossar der Gegenwart, Frankfurt a.M. 2004, S. 30-36.

Hamm, Marion: „Indymedia – Zur Verkettung von physikalischen und virtuellen Öffentlichkeiten", http://www.republicart.net/disc/publicum/hamm04_de.pdf, 20.07.2008.

Initiative Libertad: „Come In and Go On", in: Initiative Libertad (Hrsg.): go.t/online-demo, Frankfurt a.M. 2006, S. 9-11.

Jörke, Dirk: „Warum ‚Postdemokratie'?", in: Forschungsjournal NSB, Jg. 19, Nr. 4, 2006, S. 38-46.

Jordan, Tim: Activism! Direct Action, Hacktivism and the Future of Society, London 2002.

Klein, Naomi: No Logo, München 2001.

Kneip, Veronika/Niesyto, Johanna: Poltitischer Konsum und Kampagnenpolitik als nationalstaatliche Steuerungsinstrumente? Das Beispiel der Kampagne echt gerecht, Clever kaufen, in: Baringhorst, Sigrid u.a.: Politik mit dem Einkaufswagen, Bielefeld 2007, S. 155-179.

Lamla, Jörn: „Politisierter Konsum – Konsumierte Politik. Kritikmuster und Engagementformen im kulturellen Kapitalismus", in: Lamal, Jörg/Neckel, Sighard (Hrsg.): Politisierter Konsum – Konsumierte Politik, Wiesbaden 2006, S. 9-40.

Lasn, Kalle: Culture Jamming. Die Rückeroberung der Zeichen, Freiburg 2002.

Lentos Kunstmuseum Linz: Just Do It. Die Subversion der Zeichen von Marcel Duchamp bis Prada Meinhof, Wien 2005.

Liebl, Franz: „The Art and Business of Cultural Hacking: eine Bestandsaufnahme", in: Düllo, Thomas/Liebl, Franz (Hrsg): Cultural Hacking. Kunst des strategischen Handelns, Wien 2005, S. 181-228.

Lloyd, Jan: „Culture Jamming: Semiotic Banditry in the Streets", http://www.cult.canterbury.ac.nz/research/student/lloyd.htm, 20.07.2008.

Löding, Thomas u.a.: „Geheimwaffe CSR – Wozu braucht's noch Kampagnen?", in: Baringhorst, Sigrid u.a.: Politik mit dem Einkaufswagen, Bielefeld 2007, S. 353-366.

Löding, Thomas u.a.: Konzern, Kritik, Kampagne! Ideen und Praxis für soziale Bewegungen, Hamburg 2006.

Meadows, Donella: „Kalle Lasn is Mad as Heck and Isn't Going to Take It Any More", http://www.pcdf.org/Meadows/KalleLasn.html, 20.07.2008.

Nome, Dagny: „Culture Jamming", http://www.anthrobase.com/Txt/N/Nome_D_01.htm#N_4_, 20.07.2008.

Palmås, Karl: „From Jamming the Motor to Hacking the Computer: The Case of Adbusters", in: Resistance Studies Magazine, Nr.1, 2008, S. 8-16.

Peretti, Jonah: „Culture Jamming, Memes, Social Networks, and the Emerging Media Ecology. The ‚Nike Sweatshop Email' as Object-To-Think-With", http://depts.washington.edu/ccce/polcommcampaigns/peretti.html, 20.07.2008.

Rowley, Jennifer: „Online Branding: The Case of McDonald's", in: British Food Journal, Jg. 106, Nr. 3, 2004, S. 228-237.

Rucht, Dieter: „Einführung", in: Geiselberger, Heinricht (Hrsg.): Und Jetzt? Politik, Protest und Propaganda, Frankfurt a.M. 2007, S. 183-201.

Scammell, Margaret: „The Internet and Civic Engagement: The Age of the Citizen-Consumer", in: Political Communication, Jg. 17, Nr. 4, 2000, S. 351-355.

Schulze, Kai: Interview im Rahmen des Projekts „Protest- und Medienkulturen im Umbruch" der Universität Siegen, durchgeführt von Annegret März am 11.09.2006.

Scott, Alan/Street, John: „From Media Politics to E-Protest? The use of popular culture and new media in parties and social movements", in: Webster, Frank (Hrsg.): Culture and Politics in the Information Age: A New Politics?, London/New York 2001, S. 32-51.

Sundermann, Jutta/Schulze, Kai: „Leistungen und Erfolge der attac Lidl-Kampagne", http://www.attac.de/archive/lidl/www.attac.de/lidl-kampagne/content/campaign/Lidl-Kampagne_Erfolge_und_Erfahrungen.pdf, 20.07.2008.

Teune, Simon: „Kommunikationsguerilla. Ursprünge und Theorie einer subversiven Protesttaktik", http://www.wzb.eu/zkd/zcm/pdf/teune04_kommunikationsguerilla.pdf, 20.07.2008.

Waldvogel, Florian: „Culture Jamming. Die visuelle Grammatik des Widerstandes", in: rebel:art #1: How to Provoke Today?, Nr1, 2004, S. 69-77.

Wiegmink, Pia: Theatralität und öffentlicher Raum, Marburg 2005.

EXPLORATIVE STUDIE: WEBMIGRATION

Wie deutsch-türkische Meinungsführer das Internet für sich gewinnen

VON ESRA KÜÇÜK, HANNES KUNSTREICH UND CHRISTIAN STRIPPEL

Vor über zehn Jahren wurde die erste repräsentative Erhebung zur Online-Nutzung in Deutschland durchgeführt. Verhalten attestierten die Autoren der ersten ARD-Online-Studie im Jahr 1997 dem „Daten-Highway" positive Zukunftsaussichten: „Unter bestimmten Bedingungen" könne das Internet zum „dritten elektronischen Medium" heranwachsen. Mit mehr als zehn Prozent Nutzungspotential um die Jahrtausendwende sei aber nicht zu rechnen.[2] In den folgenden zehn Jahren stiegen die Nutzerzahlen des Internets jedoch mit einer unvergleichlichen Schnelligkeit an. So hatten im Jahr 2000 bereits 28,6 Prozent der Deutschen einen Internetanschluss[3], nur sieben Jahre später waren es schon 62,7 Prozent. „Kein anderes Medium hat sich so dynamisch entwickelt wie das Internet", beginnt deshalb auch die ARD/ZDF-Online Studie 2007 rückschauend.[4]

Derart schnell und dazu komplex vollziehen sich auch die zugehörigen technischen, medialen und sozialen Umbrüche, sodass die Wissenschaft mit der Entwicklung nur schwer Schritt halten kann. Noch immer sind Kernfragen in der Methodik der Online-Forschung unzureichend beantwortet. So manche Studie ist zum Zeitpunkt ihrer Veröffentlichung bereits veraltet, wenn zwischenzeitlich neue kommunikative Aktionsräume und Nutzungsrealitäten entstanden sind. Erstaunlicherweise widersetzt sich noch heute dieses Forschungsfeld hartnäckig systematischen Analyseversuchen; allein mit dem Fehlen forschungsleitender Theorien kann dies allerdings nicht begründet werden.

Schon frühzeitig gab das Internet in den verschiedenen wissenschaftlichen Disziplinen neue theoretische Impulse. In den Sozialwissenschaften entfachte die Geburt des IP-Netzes einen polarisierten Diskurs, dessen Spektrum sich in die Perspektiven des Cyberoptimismus und Cyberpessimismus spaltet.

Der amerikanische Informatiker Nicholas Negroponte ist einer der bekanntesten Vertreter des Netz-Positivismus. Er schrieb dem Internet ein revolutionä-

---

1 Die vorliegende Untersuchung wurde 2008 im Rahmen eines studentischen Projektseminars am Institut für Politikwissenschaft der Universität Münster unter der Leitung von Dr. Kathrin Kissau und Dr. Uwe Hunger als Teil des Forschungsprojektes „Politisches Potential des Internet. Die virtuelle Diaspora der Migranten aus Russland und der Türkei in Deutschland" durchgeführt. (http://ppi.uni-muenster.de).
2 Vgl. van Eimeren u.a.: „ARD-Online Studie 1997".
3 Vgl. van Eimeren/Gerhard: „ARD/ZDF-Online Studie 2000".
4 Vgl. van Eimeren/Frees: „ARD/ZDF-Online Studie 2007".

res Demokratisierungspotential zu. Ihm zufolge gebe die beginnende Digitalzeit berechtigten Anlass zum Optimismus:

> Genau wie eine Naturgewalt kann auch das Digitalzeitalter weder ignoriert noch gestoppt werden. Denn es besitzt vier mächtige Eigenschaften, die letztendlich zu seinem Triumph führen werden: Dezentralisierung, Globalisierung, Harmonisierung und Befähigung zum Handeln.[5]

Damit zielt Negroponte auf die normativ-politische Theorie eines herrschaftsfreien Diskurses im Sinne Habermas' ab. Diese stützt sich auf die Vorstellung einer direkten und deliberativen Demokratie, quasi eines digitalen Kommunitarismus, in dem jeder Einzelne ubiquitär vernetzt ist und gleichberechtigt am gesellschaftlichen Diskurs teilnehmen kann.

Die Vertreter der kulturpessimistischen Perspektive beklagen hingegen die „Zerfaserung des öffentlichen Raumes in unverbundene Teilöffentlichkeiten".[6] Das Internet trage maßgeblich zur Fragmentierung der Gesellschaft bei, sodass die Verbindlichkeit des öffentlichen Raumes und die Legitimität der klassischen demokratischen Institutionen als Basis politischer Willensbildung abhanden kommen könnten.

Diese makrotheoretischen Extrempositionen sind nicht zuletzt aufgrund der Geschwindigkeit, mit der das Internet zur Kulturtechnik avancierte, zugunsten pragmatischerer Theorien mittlerer Reichweite in den Hintergrund getreten. So beschäftigt sich die Wissenschaft heute vorrangig mit Konzepten wie etwa der Digitalen Spaltung („Digital Divide"), dem E-Government oder der technologischen Transformation vom Web hin zum viel beachteten „Web 2.0".

Das Forschungsprojekt „WebMigration – Wie deutsch-türkische Meinungsführer das Internet für sich gewinnen" geht im Rahmen dieser Überlegungen nun explorativ der Frage nach, welche Rolle das Internet für die politische Meinungsbildung türkischer Migranten in Deutschland spielt. Dabei wird der Fokus der Untersuchung vor allem auf die Informations- und Meinungsvermittlung durch so genannte Meinungsführer gelegt. Es wird davon ausgegangen, dass der Prozess politischer Kommunikation und damit auch politischer Meinungsbildung nicht allein von Journalisten und den im politischen System etablierten Akteuren (Politiker, Verbände etc.) abhängt. Die Tatsache, dass türkische Migranten sich in der Öffentlichkeit nicht adäquat repräsentiert fühlen[7], führte zu der Annahme, dass gerade gesellschaftliche Minderheiten nach Möglichkeiten der Informations- und Meinungsvermittlung oder -beschaffung suchen, die außerhalb der etablierten Strukturen der Mehrheitsgesellschaft liegen. Im Falle der türkischen Migranten in

---

5   Negroponte: Total Digital, S. 277.
6   Leggewie/Barber: Internet und Politik, S. 19.
7   Vgl. Butterwegge u.a.: Medien und multikulturelle Gesellschaft, und Geißler; „Einwanderungsland Deutschland".

Deutschland könnten also gerade „neue Meinungsführer" eine maßgebliche Rolle für die politische Meinungsbildung spielen.

DAS KONZEPT DER MEINUNGSFÜHRER

Nachdem die monokausale Perspektive des von Harold Dwight Lasswell 1927 konzipierten Stimulus-Response-Modells die Massenkommunikations- und Medienwirkungsforschung lange Zeit prägte, bahnte sich 13 Jahre später ein Paradigmenwechsel an. Mehr oder weniger zufällig stießen der amerikanische Soziologe Paul F. Lazarsfeld und seine Kollegen Bernard Berelson und Hazel Gaudet in ihrer Wahlkampfstudie zum amerikanischen Präsidentschaftswahlkampf von 1940 auf den erheblichen Einfluss interpersonaler und unvermittelter Kommunikation sowie selektiver Wahrnehmung der Menschen während ihres Meinungsbildungsprozesses:

> Wenn immer die Befragten aufgefordert wurden, alle möglichen Informationsquellen über den Wahlkampf zu nennen, denen sie in letzter Zeit ausgesetzt waren, wurden politische Diskussionen häufiger genannt als Rundfunk und Presse. [...] Wir stellten ebenfalls fest, daß die weniger interessierten Personen sich mehr auf Unterhaltungen und weniger auf Massenmedien als Informationsquelle verließen.[8]

In der 1944 unter dem Titel „The People's Choice" publizierten Studie kamen die Forscher unter anderem zu dem Ergebnis, „daß es auf jedem Gebiet und für jede öffentliche Frage ganz bestimmte Personen gibt, die sich um diese Probleme besonders intensiv kümmern, sich darüber auch am meisten äußern." Diese Personen identifizierten sie empirisch mit den beiden Interviewfragen: „Haben Sie neulich versucht, irgend jemanden von Ihren politischen Ideen zu überzeugen?" und „Hat neulich irgend jemand Sie um Rat über ein politisches Problem gebeten?". Diejenigen, die auf mindestens eine dieser Fragen mit „Ja" antworteten, nannten Lazarsfeld und seine Kollegen „Opinion Leaders", also Meinungsführer. Diese Meinungsführer, die die Forscher als Schaltstelle der interpersonalen Kommunikation begriffen („Relaisfunktion"), zeichneten sich im Vergleich zu dem Rest der Befragten durch größeres politisches Interesse, häufigere Teilnahme an politischen Diskussionen sowie stärkere und intensiver Mediennutzung aus. Gleichwohl seien sie „nicht mit den besonders prominenten Personen der Gemeinde, nicht mit den reichsten Personen und auch nicht mit den führenden Köpfen der Stadt identisch", sondern fänden sich in allen sozialen Gesellschaftsschichten und Berufsgruppen wieder.[9]

Diese Meinungsführer gaben nun im Gegensatz zu dem Rest der Befragten in ihren Interviews nach der Präsidentschaftswahl an, bei ihrer Wahlentscheidung

---

8   Lazarsfeld u.a.: Wahlen und Wähler, S. 190f.
9   Ebd., S. 85.

stärker von den Massenmedien als von persönlichen Beziehungen beeinflusst worden zu sein, was die drei Kommunikationsforscher zu der Überlegung führte, „daß Ideen oft von Rundfunk und Presse zu den Meinungsführern hin und erst von diesen zu den weniger aktiven Teilen der Bevölkerung fließen".[10] Das daraus entstandene Modell ist als „Two-Step-Flow of Communication", als „Zweistufenfluss der Kommunikation", in die Geschichte der Kommunikations- und Medienwirkungsforschung eingegangen.

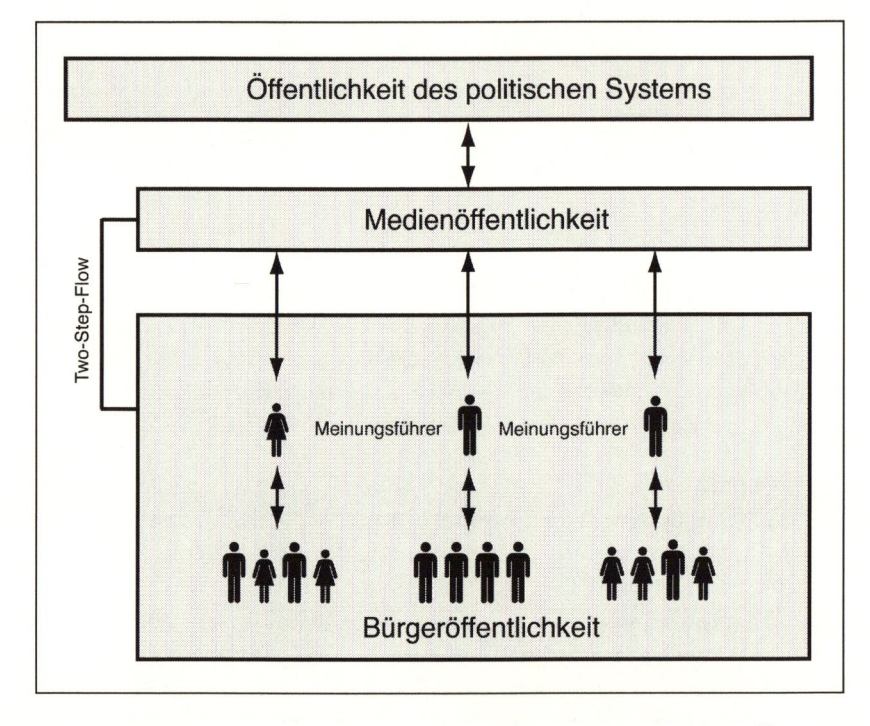

Abb. 1: Das Modell des zweistufigen Kommunikationsflusses (eigene Darstellung)[11]

Neben den bisher genannten Aspekten waren für die Entwicklung des Modells jedoch auch weitere Beobachtungen und Überlegungen der Forscher von entscheidender Bedeutung. So fanden sie während ihrer Untersuchungen „wiederholt Hinweise dafür, daß ‚in Gruppen' gewählt wurde"[12] und „die Mehrzahl der Wähler, die überhaupt wechseln, ihre Meinung zugunsten der in ihren sozialen Gruppen herrschenden Wahlabsicht"[13] ausrichtet. Den Erfolg der interpersonalen Kommunikation erklären sich die Wissenschaftler mit drei psychologischen Vorteilen gegenüber massenmedial vermittelter Kommunikation:

---

10 Ebd., S. 191.
11 Nach ebd., S. 191.
12 Ebd., S. 176.
13 Ebd., S. 178.

Daß persönliche Kontakte die Meinungen beeinflussen können, liegt paradoxerweise in ihrer größeren Nachlässigkeit und fehlenden Zweckbezogenheit in politischen Angelegenheiten[14];

Der unmittelbare Kontakt kann dem Widerstand entgegenwirken und ihn besiegen, denn er ist viel flexibler[15]; und

Wenn jemand bei seiner Entscheidung einem persönlichen Einfluß nachgibt, ist die Belohnung unmittelbar und persönlich.[16]

Trotz ihrer bahnbrechenden Entdeckungen wurde die Studie von Lazarsfeld, Berelson und Gaudet in der Folgezeit vielfach kritisiert und ausgehend von dieser Kritik in mehreren Folgestudien um wichtige Aspekte erweitert.

In der ersten bedeutsamen Folgestudie mit dem Titel „Patterns of Influence: A Study of Interpersonal Influence and of Communications Behavior in a Local Community", besser bekannt als „Rovere-Studie", fand Robert King Merton 1943 heraus, dass sich Meinungsführer in so genannte „Locals" und „Cosmopolitans" differenzieren lassen. Locals interessierten sich seinen Erkenntnissen zufolge mehr für ortsbezogene Probleme, hätten sehr viele lokale Kontakte und könnten dieses ausgedehnte Beziehungsnetzwerk nutzen, um Einfluss auf die verschiedensten Problembereiche zu nehmen (polymorphe Meinungsführer). Cosmopolitans hingegen seien zwar auch an lokalen Problemen interessiert, richteten ihr Interesse jedoch eher an der Außenwelt aus. Ihre persönlichen Kontakte seien nicht so zahlreich wie die der Locals, dafür jedoch qualitativ selektiert. Ihr Einfluss beruhe in erste Linie auf ihrer Expertise in bestimmten Problembereichen und dem damit verbundenen Prestige in der Bevölkerung (monomorphe Meinungsführer).[17]

Ein weiterer Kritikpunkt an der Studie „The People's Choice" war, dass Lazarsfeld und seine Kollegen in ihrem Kommunikationsmodell nicht zwischen der Weitergabe von Information (Transmission) und einer möglichen Beeinflussung (Persuasion) unterschieden. So wurden dem Meinungsführer zwei gleichrangige Funktionen unterstellt: die Multiplikator- und Relaisfunktion (Information) und die Reinforcement-Funktion (Einfluss).[18] Mehrere Studien, darunter wichtige Untersuchungen von Paul J. Deutschmann und Wayne A. Danielson gegen Ende der 1950er Jahre, kamen jedoch zu dem Ergebnis, dass die Massenmedien bei der „reinen" Informationsverbreitung die Bevölkerung teilweise auch direkt – also ohne die Einwirkung von Meinungsführern – erreichen. Lediglich bei außergewöhnlichen Ereignissen mit sehr hohem Nachrichtenwert war die interpersonale Kommunikation von signifikant höherer Bedeutung als die massenmedial vermit-

---

14 Ebd., S. 192.
15 Ebd., S. 193-194.
16 Ebd., S. 194.
17 Vgl. Eurich: Politische Meinungsführer, S. 23ff.
18 Vgl. ebd., S. 32.

telte. Bei Ereignissen mit sehr niedrigem Nachrichtenwert spielte sie hingegen so gut wie keine Rolle.[19] Dies führte zu der Annahme, dass der Zweistufenfluss der Kommunikation – so wie ihn die Forscher um Lazarsfeld 1944 konzipierten – nicht haltbar sei. Auch mit Blick auf Personen, die durch interpersonale Kommunikation gar nicht erreicht werden („non-discussants", „Meinungsmeider" oder „opinion avoider"), muss das Zweistufenflussmodell um die Annahme erweitert werden, dass es neben den Meinungsführern auch noch andere Bevölkerungsteile gibt, die unmittelbar von den Massenmedien erreicht und beeinflusst werden.[20]

Andererseits, das haben weitere Folgestudien wie die Elmira- oder die Decatur-Studie von Elihu Katz und Lazarsfeld in den 1960er Jahren gezeigt, ist Kommunikation auch über mehr als zwei Stufen möglich. Gerade in Untersuchungen zum Persuasionsprozess hat sich herausgestellt, dass auch Meinungsführer ihre Meinungsführer haben[21], dass sich Meinungsführer mit anderen Meinungsführern austauschen und dass während dieses Austausches die Rollen des Meinungsgebers („opinion giver") und des Meinungsempfängers („opinion receiver") situations- und diskussionsbedingt wechseln.[22] Claus Eurich sieht dies als „Beleg für einen mehrphasig, mehrstufig verlaufenden Kommunikationsprozeß"[23].

Im Jahr 1982 beschäftigte sich schließlich Weimann mit der Netzwerkkonzeption von Meinungsführerschaft. In einem israelischen Kibbuz führte er eine Kommunikationsnetzwerkanalyse durch, die ihn zu der Unterscheidung von Meinungsführern und so genannten „Brücken" führte. Während Meinungsführer zentral in einer Gruppe verankert seien und innerhalb dieser Gruppe (vertikal) Einfluss nähmen, seien Brücken, die eine weniger zentrale, gar randständige Position zu der Gruppe einnähmen, fast arbeitsteilig für die (horizontale) Transmission von Informationen zwischen verschiedenen Gruppen zuständig. So ergänzte Weimann das bis dato bereits modifizierte Zweistufenmodell auch um eine weitere Unterscheidung zwischen Intragruppenfluss, der auf starken, intensiven und dauerhaften Beziehungen („strong ties") beruht, und Intergruppenfluss, der durch schwache Beziehungen („weak ties") zustande kommt.[24]

Die folgende Abbildung greift die genannten Kritikpunkte noch einmal auf und versucht, die theoretischen Überlegungen, empirischen Erkenntnisse und die daraus entwickelten Modifikationen des zweistufigen Kommunikationsmodells grafisch darzustellen. Die unterschiedlichen Stärken der Pfeile sollen dabei die unterschiedlich starken Beziehungen der beteiligten Akteure zueinander darstellen.

---

19 Vgl. ebd., S. 31ff., und Schenk: „Meinungsbildung im Alltag", S. 144.
20 Vgl. ebd., S. 144f.
21 Vgl. Eurich: Politische Meinungsführer, S. 27.
22 Vgl. Schenk: „Meinungsbildung im Alltag", S. 144f.
23 Ebd., S. 46.
24 Vgl. ebd., S. 147f. und ders.: Finanz-Meinungsführer, S. 64.

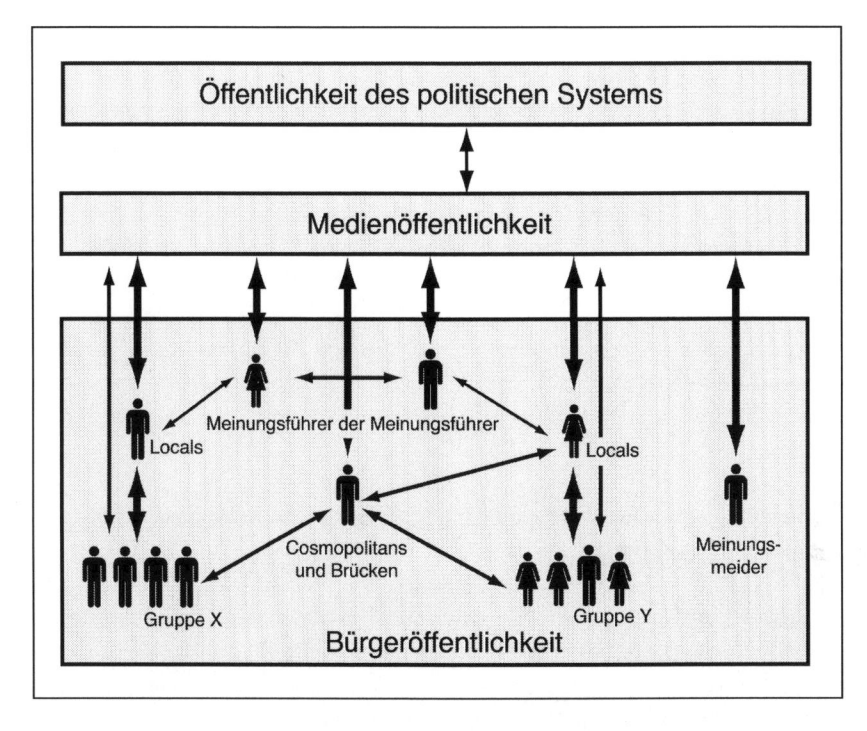

Abb. 2: Modifiziertes Modell des n-stufigen Kommunikationsflusses (Eigene Darstellung)

MERKMALE UND EIGENSCHAFTEN VON MEINUNGSFÜHRERN

Aus den bisherigen Überlegungen zum Meinungsführerkonzept und dem Zweistufenfluss der Kommunikation lassen sich, mit ergänzenden Aspekten aus der Fachliteratur, konkrete Merkmale und Eigenschaften von Meinungsführern ableiten. Verallgemeinerungen sind jedoch problematisch. Die hier aufgezeigten Merkmale politischer Meinungsführerschaft umschreiben vielmehr ein theoretisches Konstrukt.

Vorab zeichnen sich Meinungsführer vor allem durch eine besondere Soziabilität (größeres Netzwerk) und kommunikative Aktivität, konkreter durch einen gehobenen sozioökonomischen Status, ein überdurchschnittlich hoch entwickeltes Interesse, größere Kompetenz in politischen Fragen sowie stärkere Mediennutzung aus. Bemerkenswert dabei ist, dass diese Merkmale in Widerspruch zu der Annahme stehen, dass Meinungsführerschaft unabhängig von Gesellschaftsschicht und sozialem Status stattfindet. Michael Schenk bietet für diesen Widerspruch einen möglichen Lösungsansatz: „Meinungsführer bilden nicht etwa ein bestimmtes sozio-demografisches Bevölkerungssegment, sie sind jedoch den Personen, die sie beeinflussen, in soziodemografischer Hinsicht ziemlich ähnlich."[25]

---

25 Schenk: Finanz-Meinungsführer, S. 69.

Nach Schenk greifen Meinungsführer neue Themen schneller auf als andere, passen sich diesen thematischen Trends auch schneller an, bündeln und strukturieren alle relevanten Informationen dann entsprechend ihres sozialen Umfelds. Dabei würden sie nicht nur als ein zu den Medien komplementärer Kommunikationskanal agieren, sondern zudem auch als Ratgeber auftreten.[26] Je größer dabei die Verhaltensunsicherheit der Meinungs- und Ratsuchenden sei, so Jörg Aufermann, desto größer sei auch die Einflussmöglichkeit der jeweiligen Meinungsführer.[27]

Elihu Katz kam in seiner Studie im Jahr 1957 zu dem Schluss, dass sich die Eigenschaften eines Meinungsführers durch die drei Charakteristika: Persönlichkeitsmerkmale („Wer man ist"), Fachkompetenz („Was man weiß") und die Kontaktfähigkeit bzw. soziale Platzierung („Wen man kennt") zusammenfassen lassen.[28]

MEINUNGSFÜHRER IM INTERNET – MEHR ALS NUR ALTER WEIN IN NEUEN SCHLÄUCHEN?

Im theoretischen Konzept der Meinungsführerschaft wird die Wirkung der Meinungsführer unter anderem dadurch begründet, dass ihnen, in Abgrenzung zu massenmedialen Informationen, mehr Vertrauen entgegengebracht bzw. Glaubwürdigkeit zugeschrieben wird. Im Internet gibt es erstmals Dienste, die sowohl multidirektionalen und interaktiven Charakter haben als auch gleichzeitig persönlich und massenverfügbar sind. Diese Ähnlichkeit mit interpersonaler Face-to-Face-Kommunikation macht die Übertragung des beschriebenen Meinungsführerkonzepts in die Sphäre des Internets möglich.

Anhand des Blogformats[29] soll dies verdeutlicht werden: Blogs wurden lange Zeit in ihrer Bedeutung unterschätzt. Für viele waren sie (und sind sie noch immer) nicht mehr als „digitale Tagebücher" oder Linksammlungen, die von „mitteilungsbedürftigen Amateuren" ins Netz gestellt werden. Formate wie „Coporate Blogs"[30] und politische „Watchblogs"[31] sind mittlerweile jedoch ein fester (wenn auch schwer fassbarer) Bestandteil der deutschen Medienlandschaft.

---

26 Vgl. ebd., S. 60.

27 Vgl. Aufermann: Kommunikation und Modernisierung, S. 72.

28 Vgl. Schenk: „Meinungsbildung im Alltag", S. 143f.

29 Die Verfasser sind sich bewusst, dass sich Weblogs in ihren Ausprägungen unterscheiden. Allgemeingültige Aussage über Blogs sollen nicht getroffen werden. Der Verzicht auf Differenzierung dient der Fokussierung auf das eigentliche Thema.

30 Darunter fallen Weblogs von Unternehmen sowie Organisationen oder Parteien; vgl. dazu Röttger/Zielmann: „Weblogs".

31 Watchblogs zeichnen sich dadurch aus, dass sie bestimmte Organisationen, Unternehmen oder Themen kritisch beobachten. Zu den bekanntesten deutschen Watchblogs gehören der Bildblog, der INSM Watchblog sowie der für den Grimme Online Award 2008 nominierte Blog netzpolitik.org.

Ein Grund für die gestiegene Nachfrage vieler Meinungssuchender nach Blogs liegt dabei im Bedürfnis nach Orientierung begründet. Blogs sind journalistischen Qualitätsstandards nicht in dem Maße verpflichtet wie etablierte Medien, was jedoch keineswegs nur als Nachteil zu verstehen ist. Gerade in ihrem (unbewussten oder kalkulierten) Verzicht auf Objektivität, Ausgewogenheit und/oder Wahrheitstreue sind Blogger in der Lage, die Bedürfnisse nach Meinung und Orientierung zu befriedigen. Insofern können Blogs als virtuelle Personifizierung aufgefasst und deren Betreiber in ihrer Funktion als „neue" Meinungsführer untersucht werden. Die Möglichkeit der direkten Rückmeldung über Kommentare, die persönliche Färbung der Beiträge und die weitgehenden Einblicke in die (privaten) Lebenswelten der Verfasser überwinden bisherige Distanzen zwischen Produzenten und Rezipienten.

Das Projekt „WebMigration – Wie deutsch-türkische Meinungsführer das Internet für sich gewinnen" überträgt die Theorie der Meinungsführerschaft also auf das Internet. Es folgt den Annahmen, dass innerhalb der türkischen Teilöffentlichkeiten in Deutschland 1) ein hoher Identifikationsgrad durch unterstellte gemeinsame Migrationserfahrung besteht, 2) ein Informations- und Orientierungsdefizit aufgrund mangelnder bzw. als verzerrt empfundener Berichterstattung der etablierten Medien zu konstatieren ist und 3) Migranten so Empfehlungen aus der „ethnischen Öffentlichkeit"[32] eher Folge leisten.

METHODE

Um der Funktion von deutsch-türkischen Meinungsführern im Internet nachzugehen, wurde für die Untersuchung ein exploratives Forschungsdesign gewählt. In die gezielte Stichprobe fielen Personen mit Migrationhintergrund, die dauerhaft in Deutschland leben und das Internet aktiv nutzten – insbesondere zu politischen Themen und in deutscher Sprache. Journalisten, die sich in ihrer Themensetzung vornehmlich an türkische Migranten richten, fielen dabei ebenso in die Auswahl, wie Politiker und Vertreter von Migrantenselbstorganisationen mit türkischem Migrationshintergrund. Ein besonderes Gewicht bekamen Privatpersonen, die als Blogger die interaktiven Potentiale des Internets nutzen und sich zu politischen Themen äußern. Sie wurden in der Auswertung als neue Meinungsführer den „alten" Meinungsführern, also den Akteuren, die aufgrund ihrer beruflichen Funktion öffentliche Meinungen prägen, gegenübergestellt.

---

32 Vgl. Hunger: „Wie können Migrantenselbstorganisationen den Integrationsprozess betreuen?".

Dr. Yavuz Özoguz	Portalbetreiber	http://muslim-markt.de
Ekrem Senol	Blogger	http://jurblog.de
Cem Basman	Blogger	http://sprechblase.wordpress.com
Kadir Yücel	Blogger	http://migrantenkind.net
Abdul-Ahmad Rashid	Journalist	http://forumamfreitag.zdf.de
Nebahat Güçlü	Politikerin	—

Tab. 1: Die bisher befragten Personen

Bisher wurden sechs Personen mittels eines offenen Leitfadeninterviews befragt.[33] Dieser gliederte sich in die sechs Fragedimensionen: 1) Grad der Meinungsführerschaft, 2) Art des politischen Einflusses, 3) Integrationsverständnis, 4) Persönliche Motivation, 5) Vernetzungsstruktur und 6) Rückmeldungen der Nutzer. Ergänzt wurde dieser Leitfaden durch einen standardisierten Fragebogen, der demografische Daten zum sozioökonomischen Status, zu Mediennutzungsverhalten und Integrationsverständnis abfragte sowie empirisch bewährte Kontrollfragen zur Bestätigung der Meinungsführerrolle enthielt.

AUSWAHL

Dr. Yavuz Özoguz betreibt seit 1999 (gemeinsam mit seinem Bruder) das „Portal zum Islam für deutschsprachige Gläubige"[34] muslim-markt.de. Dort bietet er primär praktische Alltagsinformation für Muslime in Deutschland an und veröffentlicht implizit und explizit politische Botschaften, die als kontrovers zu bezeichnen sind. So wird Özoguz aufgrund seiner Tätigkeit vom Verfassungsschutz beobachtet und musste sich mehrfach vor Gericht verantworten. Mit durchschnittlich 100.000 Besuchern pro Monat gehört muslim-markt.de zu den am häufigsten besuchten Angeboten für strenggläubige Muslime.

Ekrem Senol ist Jurist aus Köln und betreibt seit dreieinhalb Jahren den jurblog.de. Als „Blog der dritten Generation" startete er Anfang 2005 aufgrund der Debatte um die doppelte Staatsbürgerschaft ein Informationsangebot für die Betroffenen. Heute widmet er sich hauptsächlich aus juristischer Perspektive der Integrationsfrage.

Cem Basman zählt zu den festen Größen der deutschen Bloggerszene. Seit etwa sieben Jahren betreibt der Hamburger mit schwedisch-türkischem Migrationshintergrund Weblogs, heute vor allem sprechblase.wordpress.com. Als erfolgreicher Firmengründer berichtet er mehr über IT, Software und „Netzthe-

---

33 Weitere Interviews sind geplant, wurden zum Zeitpunkt der Veröffentlichung jedoch noch nicht durchgeführt bzw. ausgewertet. Weiterführende Informationen über das Projekt gibt es im Internet unter www.webmigration.de.

34 Selbstdarstellung auf der Website http://muslim-markt.de.

men" als programmatisch und dezidiert über Politik, dennoch enthalten seine Beiträge durchaus gesellschaftspolitische Standpunkte.

Kadir Yücel ist ein Softwareentwickler aus Hamm und Betreiber der Seite migrantenkind.net, ein „Blog über Integration, Migration, Islam, Gott und die Welt." Den Blog betreibt er eigenen Aussagen zufolge „nur so nebenher", was sich auch in der niedrigeren Frequenz der Veröffentlichungen sowie der fehlenden Fokussierung auf einen Themenschwerpunkt äußert.

Der Journalist und Islamwissenschaftler Abdul-Ahmad Rashid produziert gemeinsam mit seinem Kollegen Kamran Safiarian die ZDF-Online-Sendung „Forum am Freitag", die im Internet unter forumamfreitag.zdf.de und im ZDF Infokanal ausgestrahlt wird. Als Sohn eines Afghanen und einer Deutschen hat er keinen türkischen Hintergrund; sein Angebot, das im Durchschnitt 170.000 Mal im Monat aufgerufen wird, richtet sich aber durchaus an die türkische Bevölkerung in Deutschland. Außerdem bietet die Seite ein Diskussionsforum, das sich zum wichtigsten deutschen Onlineangebot im interkulturellen Dialog entwickelt hat.

Nebahat Güçlü, Vizevorsitzende der Hamburgischen Bürgerschaft, ist Fachsprecherin von Bündnis 90/Die Grünen zum Thema Migration, Frauen und Soziales. Eine persönliche Homepage hat sie (noch) nicht. Ihre Einschätzung zum Potential des Internets bildet einen Kontrast zum Engagement der Online-Meinungsführer und veranschaulicht somit die Unterschiede zwischen neuen und alten Meinungsführern.

BLOGS ALS ALTERNATIVE ZU ETABLIERTEN MEINUNGSFÜHRERN

Interessanterweise gab es vielfach fast wörtliche Übereinstimmungen in der Selbstwahrnehmung der Befragten. So entspricht das Selbstbild der „neuen" Meinungsführer zwar keineswegs dem professioneller Journalisten, dennoch legen sie bei ihrer Arbeit offenbar Standards an. So sieht es Dr. Yavuz Özoguz beispielsweise als seine Pflicht an, umfassend zu informieren:

> „Von der Rede von Erdoğan [am 12. Februar 2008, Anm. d. Verfasser] gab es in den gesamten deutschen Medien nur einen Satz. [...] Weder der Gesamtzusammenhang noch worum es in der Rede überhaupt ging wurden erläutert. Der Muslim-Markt nimmt so ein Thema auf und redet dann über den Gesamtzusammenhang."[35]

„Meinungsmache" ist allen Befragten zufolge nicht Ziel ihrer jeweiligen publizistischen Tätigkeit. Vielmehr sehen sie ihre Angebote als komplementär, als Alternativen zum etablierten Mediensystem. So vermutet Senol, sein Erfolg sei eben auch darauf zurückzuführen, dass etablierte Massenmedien die Gruppe der türkischen Migranten in Deutschland nur unzureichend berücksichtigen.

---

35   Rede Erdoğans am 12.02.2008 in der KölnArena. Gemeint ist das Zitat: „Assimilation ist ein Verbrechen gegen die Menschlichkeit."

Um die gesellschaftspolitischen Zusammenhänge in Deutschland verstehen zu können, sei, so betonen die Befragten, die Nutzung deutscher Medien unabdingbar. Oftmals könnten diese jedoch die Bedürfnisse der Migranten nicht befriedigen, da es ihrem Blickwinkel am spezifischen Mehrwert einer bikulturellen Lebenswelt fehle. Darüber hinaus sei die Berichterstattung über Migranten tendenziell negativ konnotiert und verzerrt. Tatsächlich lässt sich diese Empfindung auch empirisch nachweisen. So schreibt der Soziologe Rainer Geißler:

> Inhaltsanalysen zum Bereich Nachrichten und Information kommen übereinstimmend zu dem Ergebnis, dass Migranten und ihre Probleme vergleichsweise selten und dabei häufig in negativen Zusammenhängen dargestellt werden – z.B. als Kriminelle oder als Belastung für das soziale Netz oder die öffentlichen Haushalte.[36]

Die Defizite der deutschen Medienlandschaft können von den etablierten türkischen oder Ethnomedien nicht ausgeglichen werden. Zwar erfüllen türkische Medien in Deutschland eine wichtige Ergänzungsfunktion in der deutschen Medienlandschaft und schlagen eine „Brücke zur Heimat". Allerdings sind sie, Geißler zufolge, oft nationalistisch geprägt und türkeizentriert, teilweise islamistisch.[37] Dies gelte besonders für die in der Türkei produzierten Medien. Doch unabhängig vom konkreten Inhalt ist vor allem der Fokus dieser Medienprodukte derart auf die Türkei verengt, dass ihr praktischer Nutzwert für Türken in Deutschland äußerst gering ist. Pointiert drückt Yücel seine Skepsis gegenüber türkischen Medien aus:

> Es ist schade, dass so viele Türkischstämmige zwar körperlich hier sind, aber mit ihrem Hirn in der Türkei. Sie verfolgen die türkischen Medien viel stärker als die deutschen und verschlafen, während sie Türksat schauen, was hier in Deutschland eigentlich abläuft.

Sowohl die befragten Blogger als auch der ZDF-Journalist Abdul-Ahmad Rashid stimmen darin überein, dass in Deutschland zu wenig Migranten aktiv als Medienschaffende tätig sind. Somit hat das Bild der Mehrheitsgesellschaft über sie einen blinden Fleck. Rashid kritisiert, „dass in den Medien viel über Migranten gesprochen wird, sie selber aber kaum zu Wort kommen", und sieht darin explizit ein ernstzunehmendes Integrationshemmnis. Das Problem bestünde aber auch darin, so Rashid, dass der Islam nach wie vor in Deutschland keine staatlich anerkannte Religionsgemeinschaft sei und somit kein Anrecht auf einen Sendeplatz im öffentlich-rechtlichen Rundfunk habe. Aus diesem Grund nutze das Onlineformat „Forum am Freitag" das Internet, um „für Muslime und Nicht-Muslime eine Plattform zum Miteinanderreden zu schaffen". Auch Nebahat Güçlü fordert eine Alternative zur TV-Berichterstattung: „Fernsehen und Radio bleiben einem veralteten Muster

---

36 Geißler: „Einwanderungsland Deutschland", S.13.

37 Vgl. ebd.

verhaftet. Nach wie vor stehen die Integrationsprobleme, anstatt der Erfolge im Mittelpunkt des Mainstreams." Özoguz hingegen distanziert sich nicht nur von der deutschen Medienlandschaft. Er kritisiert auch die Arbeit der türkischen Medien und insbesondere der Migrantenselbstorganisationen: „Alleine vier große türkische Dachverbände können sich gerade mal eben so auf einen Sprecher einigen. [...] Wir haben gesagt, es gibt doch eine ganze Reihe von Dingen, wo wir [die Muslime, Anm. d. Verfasser] kooperieren können?"

Den Interviewten zufolge erzeuge diese Selektivität der deutschen Medien ein Vakuum. Bezugnehmend auf Aufermann wissen wir, dass die Einflussmöglichkeiten der Meinungsführer mit der Verhaltensunsicherheit der nach Meinung und Rat Suchenden ansteigen. Es lässt sich demnach vermuten, dass gerade im Zusammenhang mit kontrovers diskutierten Themen wie der Integration von Migranten dieses Vakuum von weniger stark institutionell eingebundenen Akteuren ausgefüllt werden kann.

ROLLE UND DIFFERENZIERUNG DER NEUEN MEINUNGSFÜHRER

Die Neigung, im Internet nach Öffentlichkeit zu suchen und sich demnach über den sozialen Kontext hinaus Reichweite verschaffen zu wollen, ist ein wichtiges Bestimmungskriterium der neuen Meinungsführer. Der Identifikationsfaktor des gemeinsamen ethnischen Kontextes reicht dabei allein nicht aus, um eine dauerhafte Bindung der Rezipienten zu erreichen. Wie oben bereits beschrieben, lassen sich Meinungsführer in Cosmopolitans (hohe Reichweite, monomorphe Expertise, Brückenfunktion, weak ties) und Locals (lokale Orientierung und Verankerung, polymorphe Ausrichtung, strong ties) differenzieren. Es spricht nun vieles dafür, dass die Blogger als neue Meinungsführer überwiegend der Gruppe der Cosmopolitans zugeordnet werden können.

Ekrem Senol ist mit jurblog.de monomorpher Experte[38] für die türkische und zugleich juristische Perspektive auf die Integrationsproblematik. Während der Debatte um die doppelte Staatsbürgerschaft wurde er von seinem Umfeld um Orientierung gebeten. „Es gab damals sowohl gesellschaftlich immense Probleme für viele Betroffene, als auch juristische, die insbesondere in den Medien falsch dargestellt wurden." Ein Blog im Internet sei ihm zu dieser Zeit als einzige Möglichkeit erschienen, sich über die Ratsuchenden im Bekanntenkreis hinaus „Gehör zu verschaffen". Denn das Ziel bestand darin, möglichst viele „Betroffene davor zu warnen, eine falsche Entscheidung zu treffen". Heute nutzen etwa 15.000 Leser pro Monat den Jurblog.

Der kosmopolitische Meinungsführer zeichnet sich aber auch dadurch aus, dass er sich nicht ausschließlich an seiner Peergroup orientiert (weak ties), son-

---

38 Im Beschluss 2 BvR 1339/06 vom 8.12.2006 nennt ihn das Bundesverfassungsgericht. Damit bezieht sich das Gericht zum ersten Mal auf einen Blog im Internet als zitierfähige Quelle.

dern eine breitere Öffentlichkeit ansprechen möchte (hohe Reichweite, Brückenfunktion).

Neben Ekrem Senol lassen sich auch Yavuz Özoguz und Cem Basman exemplarisch als Cosmopolitans beschreiben. Özoguz' Fachgebiet manifestiert sich in seiner Fähigkeit, islamische Vorstellungen mit rational logischen Erklärungsansätzen und praktikablen Ratschlägen für einen muslimischen Alltag in Deutschland zu koppeln. Auf seiner Seite kann jeder strenggläubige Muslim politische Positionen nachlesen, die laut Betreiber im Einklang mit der religiösen Weltanschauung stehen. Das macht sein Angebot zu einer nachgefragten Online-Quelle.

Cem Basman hingegen thematisiert in seinem Blog vor allem das Internet sowie dessen Potential in ökonomischer, sozialer und auch politischer Hinsicht. Obwohl er sich nicht primär als Migrant positioniert, mache die kulturelle Andersartigkeit einen Migranten automatisch zum politisch denkenden Menschen: „Natürlich bin ich Hamburger und auch Deutscher geworden, aber eigentlich bin ich immer noch Immigrant. Und so ist man politisch, man muss es sein." In seinem Blog dominieren daher keine programmatischen Artikel, sondern eher die Zwischentöne. Dazu ist er im und über das Internet außerordentlich gut vernetzt.

Mit einer Vielzahl lokaler Kontakte ausgestattet, richtet sich der so genannte Local direkt an sein Umfeld. Kadir Yücel ist dafür das passende Beispiel. Sein Blog ist, wie er sagt, „nicht mein Hauptschwerpunkt, der läuft eher nebenbei". In seiner Heimatstadt Hamm ist der 28-Jährige stark verankert (strong ties). Seit mehreren Jahren ist er ehrenamtlich tätig, zum Beispiel als Mitglied des Integrationsrates seiner Stadt. Innerhalb der Gemeinde hat er eine gefestigt Stellung, besonders unter den Jugendlichen. Seine Motivation den Blog zu betreiben, sei „eher technisch, also von Berufs wegen". Sein politisches Interesse äußert sich hingegen nur sekundär über die publizistische Tätigkeit. Im direkten Vergleich mit Ekrem Senol schätzt er sich als weniger professionell ein. Er trennt das konkrete soziale Umfeld vom dispersen Publikum des Internets, auf das er im Vergleich zu den anderen Bloggern nicht abzuzielen scheint.

FAZIT UND AUSBLICK

In Deutschland aufgewachsen und mit hohem Bildungsgrad verstehen sich viele „Deutsch-Türken" nicht mehr vorrangig als türkische Migranten, sondern als deutsche Staatsbürger mit deutsch-türkischer Identität. Sie verlangen nach Medien, die dieser Pluralität und ihrer Lebensrealität Rechnung tragen, die verbinden, umfassend informieren und einen dauerhaften Diskurs zwischen Mehr- und Minderheitsgesellschaft herstellen (Brückenfunktion). Der neue Meinungsführer füllt eben diese Lücke, die Medien, Politik und Verbände offenbar nicht füllen können. Er nutzt das Internet, um selbst als Kommunikator aufzutreten – ausschließlich in deutscher Sprache. So betont Yavuz Özoguz: „Dass wir auf deutsch publizieren, widerspricht ja der Behauptung, dass wir eine Parallelgesellschaft bilden wollen. Wir wollen ein Teil dieser Gesellschaft sein."

Kritische Distanz sowohl zur Mehrheits- als auch zur Minderheitsgesellschaft, Fachkompetenz und eine hohe Glaubwürdigkeit sind entscheidende Faktoren, um den Austausch an Information und Meinung zwischen Personen und damit auch zwischen Gruppen zu ermöglichen. So beschreibt Cem Basman den Intergruppenfluss: „Mir liegt am Herzen, eine Brücke zu halten, indem man aus der anderen Welt erzählt und erklärt, manchmal auch spielerisch. Das ist vielleicht noch nicht direkt Politik, aber es dient dazu, einen Dialog aufrecht zu erhalten."

Diese Brückenfunktion der neuen Meinungsführer scheint eine nicht unerhebliche Zahl an Lesern anzuziehen: interessierte Menschen sowohl mit als auch ohne Migrationserfahrung. Ekrem Senol betont:

> Mir liegt viel daran, nicht nur dem Ausländer etwas mitzuteilen, sondern auch die Mehrheitsgesellschaft zum Nachdenken zu bringen. [...] Ich möchte vermitteln, dass man sich für das Leben in Deutschland aufrichtet, man aufhört zwischen den Stühlen zu sitzen.

Trotz der hohen Nutzerzahlen darf der gesamtgesellschaftliche Einfluss der neuen Meinungsführer nicht überschätzt werden. Sie erreichen per se weder den Großteil der „Offline-Gesellschaft" noch die Meinungsmeider und Unterhaltungssuchenden. Außerdem zeigen die theoretischen Ausführungen zur Meinungsführerschaft, dass sich ihr Einfluss tendenziell auf Meinungssuchende aus dem gleichen sozioökonomische Milieu beschränkt. Doch besonders nach Ansicht der vornehmlich netzaktiven Befragten wandelt das Internet öffentliche Willensbildung schon heute. Unterrepräsentierte Standpunkte und kontroverse Ansichten können im Internet vertreten werden – und finden dort Rezipienten. Unstrittig ist die Tatsache unter den Befragten, dass im Internet heute schon Themen gesetzt werden und Impulse der politischen Willensbildung gesellschaftliche Diskurse beeinflussen, wenn sie von Teilöffentlichkeiten schließlich in die etablierten Medien diffundieren und dann in der Bürgeröffentlichkeit und der Öffentlichkeit des politischen Systems sichtbar werden.[39]

> Nur ein Bruchteil der Leute bezieht heute Informationen aus dem Internet. Man darf aber nicht vergessen, dass dieser Bruchteil größtenteils aus jungen Leuten besteht. Das sind vielleicht die Meinungsmacher [und/oder Meinungsführer, Anm. d. Verf.] von morgen. Insofern mag das Internet jetzt noch keine so große Rolle spielen, aber in Zukunft wird es ein wesentlicher Bestandteil der Meinungsbildung sein.

So fasst Ekrem Senol seinen Optimismus in Bezug auf die Zukunft von Gegenmedien im Internet zusammen – Gegenmedien, die eine pluralistische Gesellschaft bereichern können.

---

39 Vgl. Leggewie: „Demokratie auf der Datenautobahn".

LITERATURVERZEICHNIS

Aufermann, Jörg: Kommunikation und Modernisierung. Meinungsführer und Gemeinschaftsempfang im Kommunikationsprozeß, München-Pullach u.a. 1971.

Bonfadelli, Heinz: „Keine Belege für die Ghetto-These. Aktuelle Studien zur Mediennutzung von Migranten", in: Journalistik Journal, Jg. 10, Nr. 2, 2007, S. 18-19.

Butterwegge, Christoph u.a. (Hrsg.): Medien und multikulturelle Gesellschaft, Opladen 1999.

Eurich, Claus: Politische Meinungsführer. Theoretische Konzeptionen und empirische Analysen der Bedingungen persönlicher Einflußnahme im Kommunikationsprozeß, München 1976.

Geißler, Rainer: „Einwanderungsland Deutschland. Herausforderung an die Massenmedien, in: Journalistik Journal", Jg. 10, Nr. 2, 2007, S. 11-13.

Hunger, Uwe: „Wie können Migrantenselbstorganisationen den Integrationsprozess betreuen?". Wissenschaftliches Gutachten im Auftrag des Sachverständigenrates für Zuwanderung und Integration des Bundesministeriums des Innern der Bundesrepublik Deutschland, Münster/Osnabrück 2004.

Lazarsfeld, Paul F. u.a.: Wahlen und Wähler. Soziologie des Wahlverhaltens [1944], Neuwied u.a. 1969.

Leggewie, Claus: „Demokratie auf der Datenautobahn" (2000), http://politikdigital.de/archiv/forschung/datenautobahn.shtml, 14.08.2008.

Leggewie, Claus/Barber, Benjamin R. (Hrsg.): Internet und Politik. Von der Zuschauer- zur Beteiligungsdemokratie, Köln 1998.

Negroponte, Nicholas: Total Digital. Die Welt zwischen 0 und 1 oder Die Zukunft der Kommunikation, München 1995.

Röttger, Ulrike/Zielmann, Sarah: „Weblogs – unentbehrlich oder überschätzt für das Kommunikationsmanagement von Organisationen?", in: Picot, Arnold/Fischer, Tim (Hrsg.): Weblogs professionell. Grundlagen, Konzepte und Praxis im unternehmerischen Umfeld, Heidelberg 2006, S 31-50.

Schenk, Michael: Finanz-Meinungsführer, Hamburg 2005.

Schenk, Michael: „Meinungsbildung im Alltag. Zum Einfluß von Meinungsführern und sozialen Netzwerken", in: Jäckel, Michael/Winterhoff-Spurk, Peter (Hrsg.): Politik und Medien. Analysen zur Entwicklung der politischen Kommunikation, Berlin 1994.

van Eimeren, Birgit u.a.: „ARD-Online Studie 1997", http://www.ard-zdf-onlinestudie.de/fileadmin/Online97_98/Online97.pdf, 22.07.2008.

van Eimeren, Birgit/Frees, Beate: „Internetnutzung zwischen Pragmatismus und YouTube-Euphorie. ARD/ZDF-Online-Studie 2007", in: Media Perspektiven, Jg. 38, Nr. 8, 2007, S. 362-378.

van Eimeren, Birgit/Gerhard, Heinz: „Entwicklung der Onlinemedien in Deutschland. ARD/ZDF-Online Studie 2000: Gebrauchswert entscheidet über Internetnutzung", in: Media Perspektiven, Jg. 38, Nr. 8, 2000, S. 338-349.

LUNATIC FRINGE GOES MAINSTREAM?
Keine *Gatekeeping*-Macht für Niemand, dafür *Hate Speech* für Alle – zum Islamhasser-Blog *Politically Incorrect*

VON DANIEL MÜLLER

I   GATEKEEPING UND *HATE SPEECH*

Es sei erlaubt, mit einer illustrierenden Anekdote zu beginnen: Vor einiger Zeit hatte ich zum ersten Mal die Ehre, bei einem live ausgestrahlten „Call-in"-Format eines Hörfunksenders als Studiogast zu fungieren. Mit der Moderatorin und einem weiteren Gast – Jona Teichmann von „Funkhaus Europa" des WDR – wartete ich also auf Höreranrufe zum Thema „Migranten zwischen Normalität und Multikulti/Integration in den Medien". Nach einiger Zeit kamen Mitarbeiter und meldeten die ersten Anrufe, die man aber nicht durchstellen könne: Es handelte sich um Anrufer, die das Thema zum Anlass nehmen wollten, ausländerfeindliche Parolen loszuwerden (sinngemäß zusammengefasst als „Die sollen doch alle dahin gehen, wo sie hergekommen sind!"). Diese Anrufe, die für die Mitarbeiter – und für Teichmann, die aus eigenen Sendungen ähnliche Probleme kannte – Routine waren, wurden *nicht* durchgestellt, eine entsprechende Tirade blieb uns im Studio und den Hörern erspart. Es ist nicht meine Absicht, dieses routinemäßige Vorgehen des Senders zu kritisieren; vermutlich würde ich in ähnlicher Situation ebenso handeln. Niemand muss – darf – sich für Schmähkritik und Hetze, sei es gegen einzelne Personen oder gegen Personengruppen, hergeben. Trotzdem bleibt auch Unbehagen. Die Position, die hier *nicht* ausgestrahlt wurde, existiert, in beachtlichem Maße, wie Umfragen belegen.[1] Sie unsichtbar zu machen, widerspricht elementar dem Auftrag an Massenmedien und Journalismus, Öffentlichkeit herzustellen, allen Akteuren Zugang (*Access*) zu gewähren.[2] Hier stoßen sich zwei hehre Prinzipien, zwei hohe Güter, hart im Raum.

Es ist leicht, vom Sender zu fordern, man möge solche Anrufe doch durchstellen und so eine argumentative Auseinandersetzung mit den Anrufern ermöglichen. Tatsächlich waren wir darauf eingestellt, da die Moderatorin darauf hingewiesen hatte, dass manche entsprechend gewitzte Anrufer erst nach dem Durchstellen ihre Parolen skandierten; aber es dürfte sehr zweifelhaft sein, ob solche Streitgespräche wirklich mehr nützen als schaden. Rational argumentieren, um – z.T. unbedarfte – Hörer in wenigen Sekunden von der Unrichtigkeit verlockender Stammtischparolen zu überzeugen – das kann leicht misslingen. Die häufig zu be-

---

1   Siehe zuletzt z.B. Uhlmann: „Der Fremdenfeind in der Mitte der Gesellschaft".
2   Vgl. die Beiträge von Pöttker und von Müller/März in diesem Heft.

DANIEL MÜLLER

obachtenden Versuche, sich durch Kommentare zum Blog *Politically Incorrect (PI)*, um den es im zweiten Teil des Beitrags geht, mit dessen demagogischen Inhalten auseinanderzusetzen, dürften zur Vorsicht mahnen. Die mit Zirkelschlüssen gesättigte Denkhaltung der *PI*-Gesinnungsfreunde lässt Argumente gar nicht zu, nimmt im Gegenteil jede Kritik als Beweis für die Richtigkeit der eigenen Ideologie. Wenn ein Muslim sagt: „Ich bin gegen Gewalt in jeder Form", dann stellt das für den geschulten *PI*'ler keinerlei Herausforderung dar, er hat vielmehr gleich eine Entkräftung parat: Entweder der Muslim lügt oder er ist gar kein Muslim. Denn es gilt das unerschütterliche Axiom: Der Islam ist für Gewalt, also sind auch alle Muslime für Gewalt oder sie sind eben keine. Es handelt sich um eine quasi religiöse Setzung, und argumentatives Auseinandersetzen dürfte hier ebenso schwer fallen wie gegenüber der Verkaufslitanei auf einer Kaffeefahrt, dem *Cold Calling* einer Lottofirma oder der Haustüransprache durch die „Zeugen Jehovas". Hier hilft vielfach nur der Abbruch bzw. die Nichtaufnahme des ungleichen „Gesprächs". Es gibt kein Patentrezept; die Funkhaus-Anekdote soll genau diese Ambivalenz illustrieren, die letztlich nicht rundum befriedigend aufzulösen ist.[3]

Das Beispiel zeigt, dass selbst in solchen Sendeformen bzw. Genres, die ausdrücklich als Feedback- bzw. *Access*-Kanäle angelegt sind – wie eben in „Call-in"-Sendungen und Leserbriefen[4] – die betreffenden Akteure sich keineswegs ungefiltert äußern können, auch wenn dies den Nutzern verborgen bleibt: Wohl keine Zeitung nimmt Hinweise auf unappetitliche Leserbriefe auf, die zu drucken sie verschmäht hat, und auch die Sender erwähnen nicht, dass sie Anrufer ggf. *nicht* durchstellen, erwähnen auch in den Aufrufen, man möge doch anrufen, keine Ausstiegsklausel gegen Wirrköpfe. Man könnte sagen: Schon das Verschweigen unterliegt hier dem Schweigegebot, so wie im Procedere einer gründlich arbeitenden Zensurbehörde alten Typs, die nicht nur den anstößigen Artikel tilgt, sondern auch den sprechenden weißen Fleck, auf dem das Corpus delicti hätte stehen sollen, wieder zu füllen befiehlt.

Dieses Schweigephänomen tritt dabei in Zusammenhang mit dem Thema „Ausländer/Migranten" wohl in besonders starkem Maße auf. Zweifellos gibt es auch zu vielen anderen Themen bizarre und hasserfüllte Äußerungen, die aber mangels Resonanz beim großen Publikum leichter der Selbstentlarvung überlassen werden können; dies gilt wohl selbst für das Thema Homosexualität. Es ist das ungute Gefühl, eine „schweigende Mehrheit" oder zumindest eine starke Minderheit – zudem z.T. mit vorhandener Gewaltbereitschaft – in ihren Ansichten zu be-

---

3   Zu den hier angestellten Überlegungen vgl. auch – mit z.T. anderer Argumentationsrichtung – Seifert: „Das Fremde und die falschen Tabus". Auch der pauschale Hinweis auf „extremistische" Ansichten, die auszuschließen sind, hilft nicht wirklich weiter; wer hätte da – präventiv – die Deutungshoheit? Viele Ansichten, die zunächst als „extremistisch" gelten, werden außerdem später hoffähig – und umgekehrt.

4   Zum Phänomen ausländerfeindlicher (Leser-)Briefe vgl. z.B. Guski: Deutsche Briefe über Ausländer, vor allem S. 84-87; vgl. auch Institut zur Förderung publizistischen Nachwuchses/Deutscher Presserat: Ethik im Redaktionsalltag, S. 112. Wiederum ähnliche Aspekte ließen sich auch für „Bürgermedien" wie die „Offenen Kanäle" aufzeigen.

stärken, welches die Wiedergabe ausländer- und z.B. islamfeindlicher Äußerungen in Deutschland und nicht nur dort zum heiklen Sonderfall macht und viele Verantwortliche restriktiv entscheiden lässt.

Die *journalistische Berichterstattung über rechtsextreme Aktivitäten* (also jenseits von Nutzeräußerungen) stellt in mancher Hinsicht ein ähnliches Dilemma dar. So hat die mediale Berichterstattung über ausländerfeindliche Anschläge und andere rechtsextremistische Straftaten nachweislich Nachahmertaten ausgelöst[5] und vermag dies mutmaßlich auch heute.[6] In vielen Redaktionen ist es daher gängige Praxis, solche Aktivitäten möglichst klein und wo möglich gar nicht zu melden.[7] Gleichzeitig trägt dies aber offenkundig zu einer Gewöhnung und Normalisierung, zu einer Verharmlosung und Unterschätzung des entsprechenden Gefahrenpotenzials bei, lässt entsprechende Ängste potenzieller Opfer als unbegründete Hysterie[8] erscheinen und dürfte im Nahbereich der Taten auch die Glaubwürdigkeit der betreffenden Medien schwächen.

Es handelt sich also insgesamt nur um Aspekte eines größeren Komplexes von *Zugangsbeschränkungen*, von Barrieren, die den Zugang von *Akteuren* und *Ereignissen* zu den Massenmedien selektiv behindern und die hier als *Gatekeeping*-Mechanismen zusammengefasst werden.[9] Die Metapher vom *Gate Keeper*, heute meist zusammengeschrieben *Gatekeeper* (Torhüter, aber nicht zu verwechseln mit dem *Goalkeeper* im Sport), der durchlässt oder eben auch nicht, stammt vom Sozialpsychologen Kurt Lewin[10] und wurde von William Manning White auf den

---

5   Vgl. z.B. Brosius/Esser: Eskalation durch Berichterstattung? und Esser u.a.: Fremdenfeindlichkeit als Medienthema und Medienwirkung.

6   Eine hier ferner liegende Parallele ist die Berichterstattung über Selbsttötungen im öffentlichen Raum (z.B. durch Sprung von Gebäuden oder vor Züge). Mit Rücksicht auf mögliche Nachahmer wird die Berichterstattung oft unterlassen.

7   Exemplarisch Richter: „Rund um die Uhr auf den Punkt".

8   Die wiederholten Kampagnen türkischer Medien – so besonders auffällig zuletzt der in Deutschland am stärksten verbreiteten türkischen Tageszeitung *Hürriyet* [Freiheit] (Europa-Ausgabe) nach einem Brand mit neun Toten in Ludwigshafen in der Nacht vom 3. auf den 4. Februar 2008 –, bei allen Schadenfeuern mit türkischen Opfern Brandanschläge mit türkenfeindlichem Hintergrund zu behaupten, sind abzulehnen und sehr bedauerlich (vgl. Drieschner: „Die Feuermelder"). Sie werden aber immerhin etwas verständlicher vor dem Hintergrund der Berichterstattung deutscher Medien, die tatsächliche Anschläge – wenn auch oft sicher in bester Absicht – weitgehend verschweigen, sofern es nicht zu Personen- oder hohen Sachschäden gekommen ist. Schweigen hüben und Kampagnen drüben nähren dann wechselseitiges Unverständnis.

9   Diese Mechanismen unterscheiden sich von technischen oder sozialen Zugangsbarrieren im Sinne des Digital Divide u.ä. (vgl. hierzu den Beitrag von Enders u.a. in diesem Heft); die Äußerungen, um die es *hier* geht, werden ja getätigt, jedoch *von Dritten* (nämlich den Gatekeepern) am Erreichen von Öffentlichkeit gehindert.

10 Dieser hatte den Einfluss von Hausfrauen in Bezug auf die Akzeptanz minderwertiger Fleischsorten untersucht; vgl. Lewin: „Frontiers in Group Dynamics" und „Frontiers in Group Dynamics: II."; der Begriff ist weiter auch außerhalb der Kommunikations- und Medienwissenschaft gebräuchlich.

DANIEL MÜLLER

Journalisten und seine Nachrichtenauswahl übertragen.[11] Das „negative" *Gatekeeping* im Sinne von „Heraushalten" ist z.T. komplementär zum „positiven" *Agenda Setting* (Thema-auf-die-Tagesordnung-setzen), d.h. zur Themensetzung.[12]

Bei Lektüre älterer Forschungsergebnisse kann man den Eindruck gewinnen, dass der *Gatekeeping*-Einfluss der Kommunikatoren (Journalisten) überschätzt bzw. zu Unrecht absolut gesetzt wird. Tatsächlich ist der Einfluss des einzelnen Journalisten bzw. seiner Einstellungen[13] wohl geringer als lange Zeit gedacht. Sowohl professionelle Regeln (Nachrichtenfaktoren = *News Values*), verstärkt durch Gruppendruck, als auch Einbindung in eine Hierarchie (Interessen der Vorgesetzten und speziell der Medieneigentümer) verhindern, dass der Journalist/Medienprofi, von Ausnahmen abgesehen, einsame *Gatekeeping*-Entscheidungen treffen kann.[14] Zu *Gatekeeping*-Mechanismen gehört auch sozialer Druck, der Entscheidungen, bestimmte Phänomene öffentlich zu machen, nachträglich sanktioniert, z.B. durch rechtliche Schritte[15], durch Maßnahmen von Selbstkontrolleinrichtungen[16] oder durch gesellschaftliche – öffentliche – Ächtung[17].

In den klassischen Kanälen für Äußerungen individueller Rezipienten gab und gibt es dabei noch eine beachtliche Hemmschwelle durch die erforderliche Nennung von Name und Adresse (Leserbrief) bzw. Name und Telefonnummer (Höreranruf), da anonyme Äußerungen – auch wieder aus medienrechtlichen u.ä. Überlegungen heraus – sinnvollerweise fast durchweg zurückgewiesen werden. Der Medienamateur ist hier also in seiner Erreichbarkeit für bzw. Verwundbarkeit durch Negativreaktionen dem Medienprofi praktisch gleichgestellt, ja z.T. verwundbarer: Viele *Artikel* erscheinen ja anonym, wenn es auch medienrechtlich Verantwortliche gibt.

---

11 Vgl. White: „The ‚Gate Keeper'"; Snider: „‚Mr. Gates' Revisited".

12 Vgl. Wanta: „Gatekeeping"; Singer: „Still Guarding the Gate?"; Shoemaker: Gatekeeping; Shoemaker/Reese: Mediating the Message; Robinson: „Fünfundzwanzig Jahre ‚Gatekeeper'-Forschung".

13 Diese Einstellungen sind vergleichsweise gut erforscht; vgl. für Deutschland z.B. Weischenberg u.a.: Die Souffleure der Mediengesellschaft; für die USA: Weaver/Wilhoit: The American Journalist in the 21st Century.

14 Konzise z.B. Faulstich: „Zeitung", S. 372. Zur sozialen Kontrolle schon Breed: „Social Control in the Newsroom"; zum Einfluss der Besitzverhältnisse z.B. Olien u.a.: „Relation Between Corporate Ownership and Editor Attitudes About Business". Vernachlässigt scheint Responsivität bzw. vorauseilender Gehorsam („Schere im Kopf") gegenüber den empfundenen Interessen von Nutzern und Werbekunden; dabei können dann Nutzeräußerungen, auch „aussortierte", natürlich eine ggf. bedeutende Rolle spielen.

15 Zu Einzelheiten rechtlicher Inhaltsbeanstandungen vgl. z.B. Branahl: Medienrecht.

16 Zum Stand der Medienselbstkontrolle in Deutschland vgl. Baum u.a.: Handbuch Medienselbstkontrolle.

17 Zu entsprechenden Überlegungen Wilhelm Heitmeyers pointiert Seifert: „Das Fremde und die falschen Tabus". Sozialer Druck auf Beteiligte an *Gatekeeping*-Entscheidungen, im Voraus oder im Nachhinein, kann auch z.B. im Abbruch der Geschäftsbeziehungen bestehen (Kündigung von Abonnements, Werbeaufträgen u.a., ggf. als organisierter Boykott), aber auch noch weiter gehen, bis hin zu Morddrohungen oder Lynchjustiz.

Wie *Gatekeeping*-Mechanismen im Einzelnen greifen, ist hier nicht entscheidend, ebensowenig die Einengung auf das Thema „Migranten/Ausländer". Festzuhalten ist, dass es Positionen gibt, die in den Massenmedien (*One to Many*) durch eine Kombination von Mechanismen aussortiert werden, obwohl sie in der Gesellschaft weit verbreitet sind. Man kann hier durchaus von Tabus sprechen.[18]

Das, was dann in der öffentlichen/veröffentlichten Meinung zulässig bleibt, lässt sich als Mainstream[19] charakterisieren, aber auch als *Politically Correct*. Dabei sind beide Etikettierungen – ursprünglich selbstironisch gemeint – heute abwertende Kampfbegriffe, die sowohl „Langeweile" als auch „durch Denkverbote gesicherte Rechtgläubigkeit" suggerieren. Wohl kaum ein Journalist käme daher auf die Idee, sein Medium, gar öffentlich, als Teil des Mainstreams oder als Ausbund „politischer Korrektheit" zu kennzeichnen. Die Zuschreibung erfolgt außerdem vielfach im Sinne des *Hostile Media Effect*, d.h. proisraelische Rezipienten sind der Überzeugung, dass der Mainstream propalästinensisch[20], propalästinensische dagegen, dass er proisraelisch[21] sei.

Gegen den Mainstream, *die* (Einzahl) Öffentlichkeit mit ihren Tabus, treten nun Gegenöffentlichkeiten an, um u.a. eben diese Tabus zu brechen, die *Gatekeeping*-Mechanismen zu überwinden. Der Begriff Gegenöffentlichkeit und die mit ihm verbundenen Ausdrücke sind dabei fast durchgehend ebenso positiv konnotiert wie es Mainstream und *Political Correctness* negativ sind. Das beginnt schon mit Jürgen Habermas[22] (der neben der verfallenden bürgerlichen Öffentlichkeit Ansätze einer plebejischen konstatiert), setzt sich fort über die proletarische Öffentlichkeit von Oskar Negt und Alexander Kluge[23] und zieht sich durch die deutschsprachige Forschung, ob sie nun von „Alternativ-" oder „Gegenmedien" oder solchen „Neuer sozialer Bewegungen" usw. spricht.[24] In der englischsprachigen Forschung sieht es ganz ähnlich aus, auch hier sind *Alternative Media*[25], *Citizens' Media*[26], *Grassroots Media*[27], *Radical Media*[28], *Underground Media*[29] usw.

---

18 Vgl. auch Noelle-Neumann: Die Schweigespirale; Scherer: Massenmedien, Meinungsklima und Einstellung; siehe auch den Beitrag von Müller/März in diesem Heft.
19 Eher aus der Mode gekommen ist der Begriff Establishment.
20 Giordano: „Offener Brief".
21 Melzer: „Kritik an Ralph Giordano". Die Beobachtung dieses Effekts bedeutet im Übrigen natürlich nicht, dass etwa die „Wahrheit" jeweils in der Mitte läge.
22 Habermas: Strukturwandel der Öffentlichkeit.
23 Negt/Kluge: Öffentlichkeit und Erfahrung.
24 Frühe Befassungen im deutschsprachigen Raum wären z.B. Käsmayr: Die sogenannte Alternativpresse; Maderspacher/Winzen: Gegenöffentlichkeit; jetzt maßgeblich vor allem Wimmer: (Gegen-)Öffentlichkeit in der Mediengesellschaft.
25 Vgl. z.B. Atton: An Alternative Internet und Alternative Media; Bekken: „Alternative Journalism".
26 Vgl. z.B. Rodríguez: Fissures in the Mediascape.
27 Vgl. z.B. Brooten: „Grassroots Media".
28 Vgl. z.B. Downing: Radical Media.

durchweg positiv besetzt. Die Akteure der Gegenöffentlichkeit sind als Underdogs, als Davids, die dem übermächtigen Goliath der globalisierten Medienkonzerne (vormals „Kulturindustrie") den ungleichen Kampf ansagen, der Sympathien des Publikums gewiss – zumindest der kleinen Eliten des Publikums, die von der Existenz solcher Gegenmedien überhaupt Kenntnis haben.

Der Internet-Umbruch befreit nun diese emanzipatorische(n) Gegenöffentlichkeit(en) in der Theorie zu ungeahnter Wirkungsmächtigkeit. Denn die *Gatekeeping*-Barrieren, vor allem die „klassischen", die in der Person des Kommunikators (Journalisten) lagen, verlieren nun ihren Schrecken. Der Akteur, dessen Anruf ins Live-Studio nicht durchgestellt, dessen Leserbrief nicht abgedruckt, dessen Einladung zum Pressegespräch nicht befolgt wird, stellt nun seine Sicht der Dinge einfach ins World Wide Web, schafft sich den verweigerten *Access* selbst. Blogs werden in diesem Sinne oft pauschal der als „emanzipatorisch" positiv bewerteten Gegenöffentlichkeit zugerechnet.[30]

Die Auswahl des Blogs[31] *Politically Incorrect* für eine kurze Vorstellung im zweiten Teil basiert dagegen auf einer denkbar gegensätzlichen Wahrnehmung. Den als emanzipatorisch etikettierten „Gegenöffentlichkeiten" gelingt es auch durch das Internet vielfach kaum, ihren Zugang zur Öffentlichkeit zu verbreitern, ein größeres Publikum anzusprechen.

Dagegen sind es gerade Verbreiter von *Hate Speech*[32], also von menschenverachtenden Äußerungen und Hetze, die durch das Internet überproportional gewinnen. Dies erklärt sich dadurch, dass solche Akteure besonders vom Wegfall des *Gatekeeping* profitieren. Sie können sich nun in Überwindung der „Schweigespirale" vergewissern, dass sie mit ihrer Meinung nicht allein stehen, und brauchen dazu noch nicht einmal den Schutz der Anonymität zumindest gegenüber der weiteren Öffentlichkeit aufzugeben, denn die große Mehrzahl der Kommentare wird unter Internet-Spitznamen (*Nicknames*) bzw. -Pseudonymen abgegeben, die keine Rückschlüsse auf bürgerliche „Klarnamen" zulassen. Die Blogs selbst wandern ggf. auf Server im Ausland. Damit laufen viele der althergebrachten Sanktionen ins Leere. Es ist also gerade der *Lunatic Fringe* – die „spinnerte Randerscheinung" (Riesebrodt[33]) auch und gerade im politischen Sinne –, der vom Internet-Umbruch besonders profitiert, in mancherlei Hinsicht zum Mainstream aufschließen kann, dem er vielfach z.B. in Bezug auf optische Attribute von Professionalität und Seriosität nicht nachsteht.

---

29 Vgl. z.B. Atton „Underground Press".

30 Vgl. z.B. Heinonen: „Blogger". Im Beitrag von Küçük u.a. in diesem Heft wird auf den problematischen Charakter von www.muslim-markt.de hingewiesen.

31 Zu Blogs vgl. Heinonen: „Blogger", Neuberger: „'Weblogs = Journalismus'?"; vgl. auch den Beitrag von Küçük u.a. in diesem Heft.

32 Kinney: „Hate Speech and Ethnophaulisms"; Lederer/Delgado: The Price We Pay; Delgado/Stefancic: Must We Defend Nazis?

33 Riesebrodt: „Religiöse Alternativen".

Mit dieser vorläufigen Feststellung soll nun (selbst wenn sie sich zu einem gesicherten Befund entwickeln ließe, was noch weit entfernt scheint) natürlich keine absurde Verteufelung des Internets betrieben werden. Es geht auch nicht darum, die offensichtlichen und realen positiven Effekte – im Sinne einer Stärkung von Gegenöffentlichkeit – der Schwächung der *Gatekeeping*-Macht der Medienprofis zu leugnen. Es soll nur erstens die Naivität oder unzulässige Verkürzung – auch in der Forschung – beanstandet werden, die so tut, als sei Gegenöffentlichkeit per se gut, während sie ggf. das Thema Rechtsextremismus im Internet separat abhandelt bzw. politisch unerwünschten Positionen die Zugehörigkeit zur Gegenöffentlichkeit abspricht[34]; und zweitens die Forschung aufgerufen werden, neue, den technischen Gegebenheiten angepasste Möglichkeiten zu finden, den Missbrauch von Medienfreiheit negativ zu sanktionieren, Verantwortlichkeiten einzufordern, wie es in den „alten" Medien bereits – wenn auch oft sicher in strittiger Weise – geschieht. Es geht also darum, Formate wie *PI* aus dem mehr oder minder rechts- und rechenschaftsfreien Raum zu holen.

2 POLITICALLY INCORRECT

Abb. 1: Screenshot des Weblogs Politically Incorrect vom 29.08.2008

---

[34] Löbliche Ausnahmen sind z.B. Plake u.a.: Öffentlichkeit und Gegenöffentlichkeit im Internet; Pfeiffer: Für Volk und Vaterland; sowie ders.: Medien einer neuen sozialen Bewegung von rechts.

DANIEL MÜLLER

Der Blog *Politically Incorrect* (www.pi-news.net) – Untertitel „News gegen den Mainstream · Proamerikanisch · Proisraelisch · Gegen die Islamisierung Europas · Für Grundgesetz und Menschenrechte" – wurde als (Negativ-)Beispiel für den eingangs beschriebenen Niedergang des *Gatekeeping* bei gleichzeitigem Aufstieg von *Hate Speech* ausgewählt, weil er zu den erfolgreichsten deutschsprachigen Blogs, zumal mit ausdrücklich politischer Themensetzung, gehört. Nach eigener Darstellung ist der Blog sogar der größte deutschsprachige überhaupt.[35] In „Blogcharts" erscheint *PI* tatsächlich regelmäßig sehr hoch „gerankt"; seit dem Start des Blogs am 11. November 2004 wurden mehr als 11,6 Millionen Besucher (*unique visitors*) gezählt, der Tagesrekord lag zuletzt bei 37.155. Diese Angaben des Blogs scheinen bei aller Vorsicht gegenüber solchen Angaben zumindest realistisch.[36]

Es gibt mittlerweile eine Fülle von Medienreaktionen auf die Aktivitäten des Blogs, die im Blog selbst – vermutlich durchaus auf Vollständigkeit angelegt – aufgeführt werden:[37] Auch scharf negative Äußerungen werden wiedergegeben, da solche Negativurteile des „politisch korrekten" Mainstreams ja gerade die Richtigkeit der *PI*-Ideologie untermauern, ggf. mehr noch als positive Urteile, wiewohl gelegentliche positive Beurteilungsaspekte gerade aus dem Mainstream von vielen Kommentatoren des Blogs dankbar aufgegriffen werden.

Gründer des Blogs ist der Diplom-Sportlehrer Stefan Herre, der in Bergisch Gladbach wohnt. Der Blog selbst liegt offenbar nicht mehr auf einem deutschen Server, sondern an unbekannter Stelle im Ausland, wohin er Ende 2007 – nach Herres Angaben aufgrund von Morddrohungen gegen seine Person und Familie – verlegt wurde.[38] Herre hatte sich schon lange vor der Gründung von *PI* durch Leserbriefe nicht nur zu Islam-Themen an die Öffentlichkeit gewandt: Die auf *PI* aufgeführten Briefe reichen bis 1983 zurück.[39] Die Beiträge des Blogs werden z.T. von den Betreibern, z.T. von Lesern, die sich als sogenannte „Spürnasen" betätigen, geliefert.[40] *PI* verlinkt zu zahlreichen Seiten von Online-Ausgaben (durchweg eher dem rechten Spektrum zuzuordnender) „klassischer" Medien – dabei stehen seriöse Medien wie die *Frankfurter Allgemeine* neben solchen, die rechtsextremistisches Gedankengut verbreiten – sowie zu anderen (reinen) Online-Medien.

Die *Kommentare* zum Blog sind von z.T. extremen Beschimpfungen gegen a) individuelle Muslime, Gruppen von Muslimen und *die* Muslime sowie gegen b) individuelle „Gutmenschen", Gruppen von „Gutmenschen" und *die* „Gutmenschen" geprägt, wobei „Gutmenschen" eine Chiffre für Nichtmuslime ist, die gegen Mus-

---

35 PI: „Über PI".

36 PI: „Politically Incorrect"; PI: „Werben auf PI". Vgl. zur Skepsis gegenüber Internet-Nutzungsdaten auch den Beitrag von Winston in diesem Heft

37 PI: „PI in der Presse". Die z.T. umfangreiche *PI*-Kritik in den dort angeführten Beiträgen soll hier nicht referiert werden.

38 PI: „Über PI".

39 PI: „Leserbriefe von Stefan Herre".

40 PI: „PI Wants You!".

lime gerichtete Äußerungen und Aktivitäten nicht mittragen. Diese Beschimpfungen sind keine vom Blog nicht zu verantwortenden Entgleisungen, sondern offensichtlich gewünscht und den Zielen des Blogs gemäß. So heißt es unter „Policy" ausdrücklich:

> §2: Comments, die sich mit unsachlichem, übertrieben polemischem, verleumderischem, ehrverletzendem oder beleidigendem Verbal-Vandalismus *gegen die PI-Blogger* [Hervorhebung D.M.; gegen andere sind sie also erlaubt, wenn nicht erwünscht[41]] wenden und dabei geeignet sind, ein Klima allgemeiner Beschimpfung und Verunglimpfung herbeizuführen, werden von uns ebenfalls nicht geduldet.[42]

Zahlreiche pdf-Downloads dienen als „Argumentationshilfen", damit die eigenen Anhänger beim Diskutieren nicht doch einmal ins Schwimmen geraten. Eine Leseprobe mag genügen:

> Beim Beten verneigen sich Muslime gen Mekka. Dabei senken sie den Kopf bis auf den Boden bzw. auf den Gebetsteppich. Da die Erde, entgegen der Meinung einiger Muslime und muslimischer Religionsgelehrter, keine Scheibe ist, sondern rund, strecken Muslime beim Gebet unweigerlich – und vielleicht ohne es zu ahnen – ihre Hintern (*ihre Ärsche* [Hervorhebung im Dokument durch Halbfettdruck, D.M.]) gen Mekka.[43]

In den programmatischen Leitlinien heißt es:[44]

> Die weitgehende Akzeptanz islamischer Ethik und Kultur bedeutet für Deutschland und Westeuropa zwangsläufig eine Entstehung von Parallelgesellschaften, in denen weder das Grundgesetz noch die Menschenrechte wirksam werden können. Längst haben die Prinzipien islamischen Denkens die Ghettos verlassen und beeinflussen nicht nur das Denken und Fühlen von uns Bürgern, sondern – sogar noch ausgeprägter – die Medien und die Politik. Während in Deutschland flächendeckend schwere Menschenrechtsverletzungen aufgrund der Befolgung islamischer Gesetze und Ethik bereits zum Alltag geworden

---

41 Dieser Schluss ist wohl zwingend; sonst ließe sich ja schreiben: „Comments mit unsachlichem, übertrieben polemischem, verleumderischem, ehrverletzendem oder beleidigendem Inhalt werden nicht geduldet." Indirekt wird hier also offensichtlich geäußert: „Comments mit unsachlichem, übertrieben polemischem, verleumderischem, ehrverletzendem oder beleidigendem Inhalt sind erwünscht, sofern sich solche Inhalte gegen Muslime und ‚Gutmenschen' richten."

42 PI: „Policy".

43 PI: „Islam – Glossar – Für die Diskussion".

44 PI: „Leitlinien".

sind, findet zu dieser Thematik aus politisch-korrekten Gründen keine angemessene Berichterstattung statt. Im Gegenteil: Etliche Medien bemühen sich, uns selbst kapitale Verbrechen als Kulturgut zu verkaufen und fließen auch bei schweren Gewalttaten vor Verständnis und Rücksichtnahme über. Wir hingegen sehen es als unsere staatsbürgerliche Pflicht an, mit den von diesen religiösen Wahnideen Unterdrückten, Diskriminierten und Verfolgten solidarisch zu sein. Wir wollen laut sein, wenn die politische Korrektheit Schweigen einfordert, wir wollen hinsehen, wo Wegsehen als „Vermeidung von Vorurteilen" gilt. Wir reichen allen freundschaftlich die Hand, die gemäß dem Grundgesetz und den Menschenrechten in unserem Land leben wollen. […]

Die etablierten Medien stellen nur noch in Ausnahmefällen einen kritischen Gegenpol und eine Informationsquelle zu diesen gefährlichen Entwicklungen dar. In vielen Redaktionen ist es längst erklärtes Programm, für den Multikulturalismus und die absurd überzogene Sozialstaatlichkeit zu berichten. Um so kompromissloser werden jene diffamiert, die die Gefahren jener politisch-korrekten Einflussnahme deutlich machen wollen. Das politisch-korrekte Gutmenschentum gibt jedoch unser Grundgesetz auf und akzeptiert – wie nie zuvor in der Geschichte der Bundesrepublik – Formen von Unterdrückung, Gewalt, Enteignung und Überwachung, wenn sie bloß im Gewand fremder Ethnien und fremder Religionen daherkommen.

Wir sehen den Islam in erster Linie nicht als eine Religion, sondern als ein Gesellschaftssystem, das sich religiös legitimiert. Der Islam hat nach seinen Worten und Werken kein anderes Ziel, als jede andere Gesellschaftsform abzuschaffen; und dass er dieses Ziel auch mit Gewalt verfolgt, hören und lesen wir jeden Tag. Die Unterwerfung der Welt unter den Islam ist ausdrückliches Ziel des Djihad und im Koran festgelegt. Für uns im Westen ist es bereits soweit, dass sich Europa zunehmend islamischen Standards angleichen muss. Die pro-islamische Selbstzensur unserer Medien ist ein offensichtlicher Beleg dafür, dass man in den Redaktionen offenbar dem Glauben anhängt, es könne mit dem Islam nur dann ein „friedliches" Zusammenleben geben, wenn wir uns den islamischen Interessen unterwerfen.

Wir stellen uns gegen diese Islamisierung Deutschlands und den damit einhergehenden Verlust unserer durch das Grundgesetz gesicherten Grundrechte. Als Blogger sehen wir uns in der Pflicht, die schleichende Islamisierung dadurch zu verhindern, dass wir von den Mainstream-Medien unterdrückte[n[45]] Informationen über den realexistie-

---

45 Überzähliges „n" so im Text (Anm. D.M.).

renden Islam in Deutschland und auf der ganzen Welt verbreiten. Wir tun dies auch deshalb so nachdrücklich auf *PI*, weil wir fürchten, dass uns nicht mehr allzuviel Zeit dafür bleibt. Wir alle sehen Tag für Tag, wie mit dem Machtzuwachs islamischer Interessensgruppen und deren westlicher Gehilfen bereits jetzt schrittweise Einschränkungen zugunsten eines pro-islamischen Umbaus unserer Gesellschaft einhergehen. [...] Die Ausbreitung des Islam bedeutet folglich, dass unsere Nachkommen – und wahrscheinlich schon wir selbst – aufgrund der kulturellen Expansion und der demographischen Entwicklung in zwei, drei Jahrzehnten in einer weitgehend islamisch geprägten Gesellschaftsordnung leben müssen, die sich an der Scharia und dem Koran orientiert und nicht mehr am Grundgesetz und an den Menschenrechten. [...]

Um die Konzeption des Blogs zu verdeutlichen, wurden exemplarisch – eine systematische Inhalts- oder auch Diskursanalyse sind hier nicht angestrebt und stehen noch aus – die an einem Tag (31. August 2008) auf der Hauptseite aufgeführten (50) Beiträge grob kategorisiert, die aus dem Zeitraum vom 26. bis 31. August 2008 stammen (absteigend durchnummeriert, d.h. Nr. 1 ist der jüngste, Nr. 50 der älteste Eintrag; ggf. Mehrfachnennungen).[46]

- Expansiver Islam in Deutschland als Bedrohung (1, 5, 14, 15, 26, 28, 30, 34), ebenso im übrigen Europa (16, 17, 48); Antidiskriminierungsgesetz als „Multikulti-Terror" (44)
- Gewalt durch Muslime in Europa[47] (3, 24, 31, 37, 47), Gewalt gegen Islamkritiker, z.B. „Pro-NRW" (9, 45), „linke" Gewalt in Deutschland (22, 36, 42)
- Verbrechen im Islam bzw. in islamischen Ländern, allgemein Gewalt (6), gegen Frauen (10, 38, 39), gegen Behinderte (33), gegen Tiere (27)
- Islamischer Staatsterrorismus in Libyen (20), Tötung eines deutschen Soldaten in Afghanistan (41), islamisches Mordkomplott gegen Premierminister Brown (43), Zerstörung christlicher Denkmäler in islamischen Ländern (12)
- Muslime als Belastung für Steuer- und Beitragszahler (4, 23, 26, 47)
- Kritik an den Palästinensern, Lob Israels[48] (8, 18, 25)

---

46   PI: „Politically Incorrect".

47   In zwei Fällen (3, 24) ist die muslimische Herkunft der Täter unklar, im Fall eines Überfalls in Italien (Nr. 24) sind die Täter überhaupt unbekannt.

48   Die extreme Parteinahme für Israel sollte deutlich geworden sein. Die philosemitische Islamfeindlichkeit ist eine bestimmte Spielart, die sich nicht ohne weiteres als „rechtsextrem" einordnen lässt. Der traditionelle Rechtsextremismus in Deutschland war und ist antisemitisch. Zu den sich überkreuzenden ideologischen Traditionslinien vgl. Hafez: „Antisemitismus, Philosemitismus und Islamfeindlichkeit"; jetzt auch Bunzl: Zwischen Antisemitismus und Islamophobie.

DANIEL MÜLLER

- Kritik an Obama, den Demokraten und allgemein den *Liberals* in den USA, Lob für McCain, die Republikaner und allgemein die *Conservatives* (11, 19, 21)
- Film über Konvertiten, der dem Islam wieder den Rücken kehrt (32, 35)
- Verhöhnung von Multikulti-Aktivitäten, des „Gutmenschentums" (2, 40)
- Gescheiterte Abschiebung muslimischer Extremisten aus der Schweiz (13)
- Kritik an geplantem EU-Beitritt der Türkei (46)
- Kritik an „Linken" ohne direkten[49] Islam-Bezug (7)
- ARD zeigt spiegelverkehrtes Bild von München (29)
- Diskriminierung „weißer Männer" in der BBC (49)
- Kritik an Ehrung von Homosexuellen in Berlin (50)

Ein Großteil der von *PI* aufgegriffenen Themen stammt – was im Übrigen die eigenen Behauptungen über Tabus relativiert – aus den Mainstream-Medien. Das *PI*-Spezifische ist ein eindeutiger *Spin*, indem aus dem harmlosen Bericht über die Ausschreibung des Kreises Minden-Lübbecke, der per Wettbewerb ein Integrationslogo sucht, eine Verhöhnung des „Gutmenschentums" wird („der Kreativität im Bürgerverarschen sind keine Grenzen gesetzt"); dieser *Spin* wird dann auch für die Insider durch spezielle *PI*-sprachliche Kategorien verdeutlicht. So setzen sich nur „Gutmenschen" und „Dhimmis", die der „Dhimmitude" huldigen, für die Belange von Muslimen ein bzw. akzeptieren die wahrgenommene „Islamisierung Europas".[50] Ähnlich werden Gewalttaten von Muslimen in die ironisch benannten Kategorien „Einzelfälle^{TM}" und „Islam ist Frieden^{TM}" einsortiert.

Eine wichtige Rolle spielen die Kommentare, die oft weitaus drastischer sind als die Beiträge selbst. Hier stehen Ohnmachtsphantasien – regelmäßig wird die baldige demographische Mehrheit der Muslime in Deutschland prophezeit, viele Kommentatoren kündigen ihre eigene Auswanderung an bzw. regen an, auszuwandern – neben Gewaltphantasien, vom Wunsch nach Lynchjustiz gegen einzelne Muslime und „Gutmenschen" bis hin zum Stoßgebet um vollständige Vernichtung islamischer Länder durch US-amerikanische und israelische Truppen.

Nach einem relativ schlichten Rezept erfolgt die Auswahl der Beiträge selbst, also das *Gatekeeping/Agenda Setting* der *PI*-Verantwortlichen. In das Beuteschema von *PI* bei seinen Fischzügen durch das Datennetz passen:

- Aktivitäten muslimischer Organisationen in Europa
- Gewaltkriminalität von Muslimen in Europa
- Negativmeldungen in Bezug auf Muslime aus aller Welt, vor allem Terror, Gewalt, Verbrechen und Vergehen aller Art, besonders gegen Nichtmuslime,

---

49 Im betreffenden Beitrag wird jedoch ein Bezug zu einem islamischen Land hergestellt. Es heißt nach der Feststellung, dass Altkanzler Schröder Russland zur Demokratie mache: „Zum Iran wird uns bestimmt auch noch etwas Demokratisches einfallen."

50 Vgl. „Ahl al-dhimma"; Cahen: „Dhimma". Der Begriff Dhimma bedeutet im islamischen Recht den minderen Status geduldeter Nichtmuslime (vor allem Christen und Juden).

Frauen, Kinder, Behinderte, Tiere und die Natur allgemein; aber auch Aberglaube, Lächerlichkeit, Schmutz[51] usw.
- Kosten der schlecht integrierten Muslime für Steuer- und Beitragszahler
- „Gutmenschentum" zugunsten von Muslimen, Integrationsaktivitäten
- Unterdrückung der Kritiker (z.B. *PI*) durch den Mainstream

Weitere Themenkreise sind nur Ergänzung; so erscheinen wie gezeigt auch Artikel, in denen allgemein „linke" Positionen vor allem in Deutschland und den USA angegriffen werden. Die *monothematische und negative* Themenauswahl ist es, die eindeutig abzulehnen ist und dafür sorgt, dass *PI* nicht als journalistisches Angebot gelten kann.[52] Das Bild des Islams und der Muslime allgemein wie auch insbesondere des Islams und der Muslime in Europa und Deutschland, das hier gezeichnet wird, ist offensichtlich *durch diese Auswahl tendenziös verfälscht*.

Vielleicht hilft es weiter, sich einmal vorzustellen, wie sich die „Methode" *PI* auf den Katholizismus anwenden ließe.[53] Es wäre hypothetisch – mit oder ohne „Spürnasen" – gar kein Problem, schwere Verfehlungen katholischer Geistlicher – (homo)sexueller Missbrauch von Kindern, systematische Kindesmisshandlungen in Heimen usw. – aus aller Welt zu „sammeln" und damit einen antikatholischen Hassblog zu füttern. Man könnte zugleich auf die oft langjährige Duldung/Verschleierung solcher Vorgänge seitens der katholischen Hierarchie verweisen, Distanzierungen aber als Ausdruck „jesuitischer Heuchelei" (eine reiche pseudowissenschaftliche Literatur, aus der sich schöpfen ließe, wäre vorhanden) zurückweisen. Für Exotik sorgten Verbrechen italienischer Mafiosi, guatemaltekischer Generäle, kolumbianischer Drogenbosse und irischer Bombenleger; historische Bezüge böten der Verweis auf das Hitler-Konkordat (zu illustrieren mit einem Foto deutscher Kirchenfürsten, den rechten Arm zum „Deutschen Gruß" gereckt), eine Datenbank mit Namen und Taufdaten katholischer KZ-Wächter, aber auch Hexen- und Ketzerprozesse, Inquisition und Kreuzzüge. Für den *Comic Relief* schließlich sorgten Exorzismen und Reliquienkult, Wunderheilungen und marianische Exzesse – das Material, auch ganz und gar gegenwartsbezogen, ginge niemals aus. Aber auch wenn alle einzelnen „Fakten", die so tendenziös zusammenkämen, mehr oder minder „wahr" wären, wäre eine solche gezielt einseitige Auswahl als Darstellung des Katholizismus absolut inakzeptabel – und das gilt analog für den Islam eben auch.[54]

---

51 Es handelt sich um Munition aus dem Arsenal des „Orientalismus"; vgl. Said: Orientalism, wobei dessen „okzidentalische" Ansichten hier keineswegs uneingeschränkt geteilt werden. Vgl. auch Hafez: Die politische Dimension der Auslandsberichterstattung.
52 Vgl. Neuberger: „„Weblogs = Journalismus'?".
53 Vgl. für die Idee auch die Parodie (auf den Islam-Experten Peter Scholl-Latour) von Hamadeh/Schwarz: „Auge um Auge".
54 Die *PI*-Ideologen weisen solche und ähnliche Parallelisierungen natürlich zurück. In allen anderen Religionen wären alle Übelstände Einzelfälle (ohne ™) und jedenfalls unwesentlich; für den Islam dagegen wären sie bezeichnend, typisch und zum Kern gehörig.

Dabei geht es mit dem parodistischen Beispiel nicht darum, nun etwa eine fundamentale Gleichheit im Sinne einer alles relativierenden „Ausgewogenheit" zu postulieren, nach dem Motto: Kritik am Islam nur, wenn auch „ausgewogen" in (mindestens) gleichem Maße Kritik z.B. am Christentum geübt wird. Tatsächlich lässt sich sehr wohl die Frage stellen, ob deutsche Gesellschaft, Massenmedien und Wissenschaft a) von der islamischen Welt[55] und b) von muslimischen Migranten die Einhaltung von Menschen-, Bürger- und Minderheitenrechten in ausreichendem Maße einfordern.

Eine offene Berichterstattung z.B. über die Unterdrückung von Frauen und Mädchen in vielen muslimischen Familien und über die unter männlichen jugendlichen Muslimen in Deutschland verbreitete Gewaltkriminalität muss geleistet werden, sie muss mögliche Verantwortung der deutschen Gesellschaft für Missstände ebenso untersuchen wie die Eigenverantwortung der Muslime. Vielfach kann man sehr wohl den Eindruck haben, dass es Tabus gibt, dass eine ergebnisoffene Auseinandersetzung gescheut wird und negative Phänomene – z.B. Gewaltkriminalität – entweder unterschlagen[56] oder aber von vornherein unreflektiert allein auf das Versagen der Mehrheitsgesellschaft zurückgeführt werden.[57] Insoweit hat – leider – *PI* tatsächlich *auch* die Funktion eines Korrektivs, die sich der Blog anmaßt.[58]

Die Frage nach dem *Gatekeeping* im Netz wird uns erhalten bleiben. Bezeichnenderweise – und damit schließt sich der Kreis zur Eingangs-Anekdote – sind viele Online-Medien (bzw. Online-Ausgaben von traditionellen Massenmedien) inzwischen dazu übergegangen, die Kommentarmöglichkeiten auf vielfältige Weise zu beschränken bzw. das *Gatekeeping* in diesem *Access*-Kanal zu stärken. Es gibt offenbar auch ein Zuviel an *Access*.

LITERATURVERZEICHNIS

„Ahl al-dhimma", in: Gibb, Hamilton A. R. u.a. (Hrsg.): The Encyclopaedia of Islam. New Edition. Bd. I, Leiden 1960, S. 258.

---

55   Entsprechende Forderungen an Russland und China sind jedenfalls der subjektiven Wahrnehmung nach deutlich öfter zu hören als z.B. an Saudi-Arabien oder auch Pakistan, Indonesien oder Nigeria.

56   Es erscheint fraglich und bedarf dringend einer offenen Diskussion, ob das Verschweigen des ethnischen Hintergrunds von Straftätern, wie es die sogenannte Antidiskriminierungsrichtlinie des Deutschen Presserats (bei Fehlen eines entsprechenden „Sachbezugs" der Straftat) fordert, ihr Ziel erreicht oder nicht z.T. kontraproduktiv ist. Vgl. zu dieser Richtlinie Pöttker: „Diskriminierungsverbote und Beschwerdepraxis des Deutschen Presserats" und „Wann dürfen Journalisten Türken Türken nennen?".

57   Vgl. Duisburger Institut für Sprach- und Sozialforschung: Medien und Straftaten; dort wird in exakter Spiegelung der *PI*-Logik – der Islam ist schuld – stets pauschal die (alleinige) Schuld der Mehrheitsgesellschaft an Verfehlungen von Migranten festgestellt.

58   Sehr weitgehend in meinem Sinne die Beiträge von Seifert: „Das Fremde und die falschen Tabus" und „Im Dienst der guten Sache?" (gegen „Vorurteilsrepression durch Unterlassen von Berichterstattung") und „Die Kampf-Blogger" (kritische Auseinandersetzung mit *PI*).

Atton, Chris: „Underground Press", in: Donsbach, Wolfgang (Hrsg.): The International Encyclopedia of Communication. Bd. 11, Malden, MA u.a. 2008, S. 5215-5216.

Atton, Chris: An Alternative Internet, Edinburgh 2004.

Atton, Chris: Alternative Media, London u.a. 2002.

Baum, Achim u.a. (Hrsg.): Handbuch Medienselbstkontrolle, Wiesbaden 2005.

Bekken, Jon: „Alternative Journalism", in: Donsbach, Wolfgang (Hrsg.): The International Encyclopedia of Communication. Bd. 1, Malden, MA u.a. 2008, S. 162-166.

Branahl, Udo: Medienrecht [1992], vollständig überarbeitete Auflage, Wiesbaden ^{5}2006.

Breed, Warren: „Social Control in the Newsroom: A Functional Analysis", in: Social Forces, Jg. 33, Nr. 4, 1960, S. 326-335.

Brooten, Lisa: „Grassroots Media", in: Donsbach, Wolfgang (Hrsg.): The International Encyclopedia of Communication. Bd. 5, Malden, MA u.a. 2008, S. 2015-2020.

Brosius, Hans-Bernd/Esser, Frank: Eskalation durch Berichterstattung? Massenmedien und fremdenfeindliche Gewalt, Opladen 1995.

Bunzl, John (Hrsg.): Zwischen Antisemitismus und Islamophobie. Vorurteile und Projektionen in Europa und Nahost, Hamburg 2008.

Cahen, Claude: „Dhimma", in: Lewis, Bernard u.a. (Hrsg.): The Encyclopaedia of Islam. New Edition. Bd. 2, Leiden 1983, S. 227-231.

Delgado, Richard/Stefancic, Jean: Must We Defend Nazis? Hate Speech, Pornography, and the New First Amendment, New York u.a. 1997.

Downing, John D. H.: Radical Media. Rebellious Communities and Social Movements, Thousand Oaks, CA u.a. 2001.

Drieschner, Frank: „Die Feuermelder", Die Zeit, 03.04.2008.

Duisburger Institut für Sprach- und Sozialforschung (Hrsg.): Medien und Straftaten. Vorschläge zur Vermeidung diskriminierender Berichterstattung über Einwanderer und Flüchtlinge, Duisburg 1999.

Esser, Frank u.a. (Hrsg.): Fremdenfeindlichkeit als Medienthema und Medienwirkung. Deutschland im internationalen Scheinwerferlicht, Wiesbaden 2002.

Faulstich, Werner: „Zeitung", in: ders. (Hrsg.): Grundwissen Medien, München 1994, S. 362-375.

Giordano, Ralph: „Offener Brief von Ralph Giordano", http://www.nachrichten.at/politik/aussenpolitik/266612?PHPSESSID=c3fbd4f605af680213333f336db3cb721, 31.08.2008.

Guski, Rainer: Deutsche Briefe über Ausländer. Ein sozialpsychologischer Beitrag zum Verständnis der Ablehnung bzw. Hilfe gegenüber Ausländern an Hand von Briefen deutscher Bürger, Bern u.a. 1986.

Habermas, Jürgen: Strukturwandel der Öffentlichkeit. Untersuchungen zu einer Kategorie der bürgerlichen Gesellschaft, Neuwied/Berlin 1962.

Hafez, Kai: Die politische Dimension der Auslandsberichterstattung. Bd. 2. Das Nahost- und Islambild der deutschen überregionalen Presse, Baden-Baden 2002.

Hafez, Kai: „Antisemitismus, Philosemitismus und Islamfeindlichkeit": ein Vergleich ethnisch-religiöser Medienbilder, in: Butterwegge, Christoph u.a. (Hrsg.): Medien und multikulturelle Gesellschaft, Opladen 1999, S. 122-135.

Hamadeh, Anis/Schwarz, Daniel: „Auge um Auge oder: Die wundersamen Erzählungen eines arabischen ‚Nahwest-Experten'. Eine Satire", in: Klemm, Verena/Hörner, Karin (Hrsg.): Das Schwert des „Experten". Peter Scholl-Latours verzerrtes Araber- und Islambild, Heidelberg 1993, S. 22-33.

Heinonen, Ari: „Blogger", in: Donsbach, Wolfgang (Hrsg.): The International Encyclopedia of Communication. Bd. 2, Malden, MA u.a. 2008, S. 339-341.

Institut zur Förderung publizistischen Nachwuchses/Deutscher Presserat (Hrsg.): Ethik im Redaktionsalltag, Konstanz 2005.

Käsmayr, Benno: Die sogenannte Alternativpresse. Ein Beispiel für Gegenöffentlichkeit in der BRD und im deutschsprachigen Ausland seit 1968, Marburg 1974.

Kinney, Terry A.: „Hate Speech", in: Donsbach, Wolfgang (Hrsg.): The International Encyclopedia of Communication. Bd. 5, Malden, MA u.a. 2008, S. 2051-2055.

Lederer, Laura J./Delgado, Richard (Hrsg.): The Price We Pay: The Case Against Racist Speech, Hate Propaganda, and Pornography, New York 1995.

Lewin, Kurt: „Frontiers in Group Dynamics: Concept, Method and Reality in Social Science; Social Equilibria and Social Change", in: Human Relations, Jg. 1, Nr. 1, 1947, S. 5-41.

Lewin, Kurt: „Frontiers in Group Dynamics: II. Channels of Group Life; Social Planning and Action Research", in: Human Relations, Jg. 1, Nr. 2, 1947, S. 143-153.

Maderspacher, Florian/Winzen, Harald: Gegenöffentlichkeit. Flugblätter, Plakate, Schrift, Druck, Info-Stand. Medienhandbuch für Bürgerinitiativen, Gruppen, Schülerzeitungen u.a., Hamburg 1978.

Melzer, Abraham: „Kritik an Ralph Giordano", http://www.arendt-art.de/deutsch/palestina/Stimmen_deutsch/Melzer_Abraham_Kritik_an_Giordano.htm, 31.08.2008.

Negt, Oskar/Kluge, Alexander: Öffentlichkeit und Erfahrung. Zur Organisationsanalyse von bürgerlicher und proletarischer Öffentlichkeit, Frankfurt a.M. 1972.

Neuberger, Christoph: „‚Weblogs = Journalismus'? Kritik einer populären These, in: Diemand, Vanessa u.a. (Hrsg.): Weblogs, Podcasting und Videojournalismus. Neue Medien zwischen demokratischen und ökonomischen Potenzialen, Hannover 2007, S. 107-138.

Noelle-Neumann, Elisabeth: Die Schweigespirale. Öffentliche Meinung – unsere soziale Haut, München/Zürich 1980.

Olien, Clarice N. u.a.: „Relation Between Corporate Ownership and Editor Attitudes About Business", in: Journalism Quarterly, Jg. 65, Nr. 2, 1988, S. 259-266.

Pfeiffer, Thomas: Für Volk und Vaterland. Das Mediennetz der Rechten – Presse, Musik, Internet, Berlin 2002.

Pfeiffer, Thomas: Medien einer neuen sozialen Bewegung von rechts, Bochum 2000.

PI: „Islam – Glossar – Für die Diskussion", http://www.pi-news.net/wp/uploads/2008/05/glossar_islam_13-05-2008.pdfv, 31.08.2008.

PI: „Leitlinien", http://www.pi-news.net/leitlinien/, 31.08.2008.

PI: „Leserbriefe von Stefan Herre", http://www.stefan-herre.de/leserbriefe.html, 31.08.2008.

PI: „PI in der Presse", http://www.pi-news.net/pi-in-der-presse/, 31.08.2008.

PI: „PI Wants You", http://www.pi-news.net/pi-wants-you/, 31.08.2008.

PI: „Policy", http://www.pi-news.net/policy/, 31.08.2008.

PI: „Politically Incorrect", http://www.pi-news.net, 31.08.2008.

PI: „Über PI", http://www.pi-news.net/ueber-pi/, 31.08.2008.

PI: „Werben auf PI", http://www.pi-news.net/downloads/werbung.pdf, 31.08.2008.

Plake, Klaus u.a.: Öffentlichkeit und Gegenöffentlichkeit im Internet. Politische Potenziale der Medienentwicklung, Wiesbaden 2001.

Pöttker, Horst: „Diskriminierungsverbote und Beschwerdepraxis des Deutschen Presserats. Eine quantitative und qualitative Analyse", in: Geißler, Rainer/ Pöttker, Horst (Hrsg.): Massenmedien und die Integration ethnischer Minderheiten in Deutschland. Problemaufriss – Forschungsstand – Bibliographie, Bielefeld 2005, S. 185-221.

Pöttker, Horst: „Wann dürfen Journalisten Türken Türken nennen?", in: Publizistik, Jg. 47, Nr. 3, S. 265-279.

Richter, Wolf-Jürgen: „Rund um die Uhr auf den Punkt. Alltagsprobleme von Hörfunk-Nachrichtenredaktionen", in: Wunden, Wolfgang (Hrsg.): Beiträge zur Medienethik. Bd. 2. Öffentlichkeit und Kommunikationskultur, Hamburg/ Stuttgart 1994, S. 199-214.

Riesebrodt, Martin: „Religiöse Alternativen", in: Adams, Willi Paul u.a. (Hrsg.): Länderbericht USA II. Gesellschaft, Außenpolitik, Kultur – Religion – Erziehung, Bonn 1990, S. 498-501.

Robinson, Gertrude Joch: „Fünfundzwanzig Jahre ‚Gatekeeper'-Forschung: Eine kritische Rückschau und Bewertung", in: Aufermann, Jörg (u.a.): Gesellschaftliche Kommunikation und Information. Forschungsrichtungen und Problemstellungen. Ein Arbeitsbuch zur Massenkommunikation. Bd. 1, Frankfurt a.M. 1973, S. 344-355.

Rodríguez, Clemencia: Fissures in the Mediascape: An International Study of Citizens' Media, Cresskill, NJ 2001.

Said, Edward W.: Orientalism, London 1978.

Scherer, Helmut: Massenmedien, Meinungsklima und Einstellung. Eine Untersuchung zur Theorie der Schweigespirale, Opladen 1990.

Seifert, Heribert: „Die Kampf-Blogger. Internet-Tagebücher gegen die ‚schleichende Islamisierung Europas'", Neue Zürcher Zeitung, 04.05.2007.

Seifert, Heribert: „Im Dienst der guten Sache? Integration als problematischer Leitbegriff für Journalisten", Neue Zürcher Zeitung, 01.12.2006.

Seifert, Heribert: „Das Fremde und die falschen Tabus. Immigration als Herausforderung ans Mediensystem", Neue Zürcher Zeitung, 27.05.2005.

Shoemaker, Pamela J.: Gatekeeping, Newbury Park, CA u.a. 1991.

Shoemaker, Pamela J./Reese, Stephen D.: Mediating the Message: Theories of Influences on Mass Media Content [1991], White Plains, NY ²1996.

Singer, Jane B.: „Still Guarding the Gate? The Newspaper Journalist's Role in an On-line World", in: Convergence, Jg. 3, Nr. 1, 1997, S. 72-89.

Snider, Paul B.: „‚Mr. Gates' Revisited: A 1966 Version of the 1949 Case Study", in: Journalism Quarterly, Jg. 44, Nr. 3, 1967, S. 419-427.

Uhlmann, Berit: „Der Fremdenfeind in der Mitte der Gesellschaft. Neue Studien", http://www.sueddeutsche.de/deutschland/artikel/307/185721/, 18.08.2008.

Wanta, Wayne: „Gatekeeping", in: Donsbach, Wolfgang (Hrsg.): The International Encyclopedia of Communication. Bd. V, Malden, MA u.a. 2008, S. 1921-1925.

Weaver, David Hugh/Wilhoit, Grover Cleveland: The American Journalist in the 21st Century. U.S. News People at the Dawn of a New Millennium, Mahwah, NJ 2007.

Weischenberg, Siegfried u.a.: Die Souffleure der Mediengesellschaft. Report über die Journalisten in Deutschland, Konstanz 2006.

White, David Manning: „The ‚Gate Keeper': A Case Study in the Selection of News", in: Journalism Quarterly, Jg. 27, Nr. 4, 1950, S 383-390.

Wimmer, Jeffrey: (Gegen-)Öffentlichkeit in der Mediengesellschaft. Analyse eines medialen Spannungsverhältnisses, Wiesbaden 2007.

ZUR KRISE DER KOMMUNIKATIONSWWWISSENSCHAFT
Ein Zwischenruf

VON HARALD BADER

I EINLEITUNG

> Unglücklicherweise verläuft die Evolution der Information bereits heutzutage schneller als die Forschung über die Evolution von Information und Kommunikation. Trotz der erstaunlichen Selbstheilungskräfte moderner Gesellschaften stellt diese Entwicklung eine aktuelle und offenbar bislang wenig beachtete Gefahr dar.[1]

Zur Medienkrise nach der Jahrtausendwende ist auch die „Krise der Kommunikationswissenschaft"[2] ausgerufen worden. Allerdings ist die Erfahrung von Zeitgenossen, nun habe etwas Neues, Irritierendes begonnen, spätestens seit Kaspar Stieler Gemeinplatz des Diskurses über Kommunikation. Insofern versteht sich dieser Beitrag in einem Band, der den Umbruch von Öffentlichkeit(en) durch ein neues Medium thematisiert, einerseits als Umriss drängender Probleme, andererseits als Aufruf zur Gelassenheit und zur Wahrung bewährter Standards. Denn die deutsche Kommunikationswissenschaft ist mit ihren Vorläufern ein Kind einer erheblichen politischen, ökonomischen und kulturellen Krise. Sie entstand im Ersten Weltkrieg, etablierte sich mühsam in den 1920er Jahren und unterwarf sich gern nationalsozialistischen Bedürfnissen, ohne bedeutende wissenschaftliche Erkenntnisse geliefert zu haben. Bezeichnend ist, dass den Köpfen der Vorkriegszeit, denen das Fach seine größten theoretischen Impulse verdankte, Otto Groth und Hans Traub, aufgrund „nichtarischer Abstammung" Lehrstühle verwehrt blieben.[3] Überdies brach der ohnehin nur rudimentäre internationale Austausch ab. Die Einrichtung publizistikwissenschaftlicher Institute in der Bundesrepublik war trotz der Umbenennung in weiten Teilen Restauration, zunächst geprägt von „wirklichkeitsfremdem historisierenden Gehabe".[4] Die Leipziger Journalistik fand ihren Schwerpunkt in der Ausbildung systemkonformer, wenn auch handwerklich sorgfältig unterwiesener Redakteure.

In den 1960er und -70er Jahren erlagen weite Teile der Fachöffentlichkeit marxistischen Spielarten. Trotz des „Überbaucharakters" der Medien wurden diesen wesentliche Funktionen für die Umgestaltung der liberalen Demokratie zu-

---

1 Merten: Einführung in die Kommunikationswissenschaft, S. 481.
2 Vgl. Grimm: „Krise der Kommunikationswissenschaft".
3 Vgl. Averbeck: Kommunikation als Prozeß.
4 Silbermann: „Marotten der Massenmedienforschung", S. 237.

geschrieben, es begann die bis heute nicht abgerissene Überbewertung medialer Kommunikation wie ihrer Erforschung. Insofern ist Krise der Dauerzustand der Disziplin, zuweilen wirklichkeitsorientiert, zuweilen dem Realitätsabgleich verschlossen. Während eine überwunden geglaubte Rückkehr von Zumutungen im Zeichen der Globalisierung auf eine eskapistische „Mediengesellschaft" trifft und Hochschulpolitik die technischen und Naturwissenschaften bevorzugt, tritt ein Medium seinen Siegeszug an, das die klassischen Medien in sich vereint, sie zugleich überflügelt und den Begriff der „Masse" als Chimäre zu den Akten legt. Es ist nicht ausgemacht, dass die Kommunikationswissenschaft, immer eine Modedisziplin, damit Schritt halten kann, und ob sie die Entscheidung über ihren Fortbestand überhaupt selbst trifft.

2 KRISE DER KONZEPTE

En vogue sind derzeit Konstruktivismus und Gendertheorie, Ausdruck postmoderner Verunsicherungen über Erkenntnis- und Geschlechtergrenzen, aber für die raue Wirklichkeit angesichts verschärfter wirtschaftlicher und ideologischer Konkurrenz im Weltmaßstab ungeeignet. Für die journalistische Praxis – für die Hochschulen ja auch ausbilden, wollen sie sich nicht nur selbst reproduzieren – ist der Konstruktivismus unbrauchbar. Journalistische Produkte müssen den Anspruch haben, über den Verfasser hinaus gültig zu sein, indem sie reale Vorgänge beschreiben und analysieren. Tun sie dies nicht, sind sie Literatur. Zudem ist der Konstruktivismus als Metatheorie philosophisch diskutabel (Nikolaus von Kues' Regionentheorie kommt der Fülle sozialer Rollen und Bewusstseinsebenen näher als dieser vermeintlich neuronal begründete Neoidealismus). Wissenschaftspolitisch ist er suizidal (wenn man nichts wissen kann, wer sollte einen dafür bezahlen?) und so beliebig wie die Konstruktion der Geschlechterkonstruktionen, eine Ansammlung von Positionen vor der demographischen Krise der westlichen Gesellschaften, die die Doppelzäsur von 1989/2001 noch nicht begriffen haben.

Auf der anderen Seite grassiert unter den Bedingungen eines weithin prekären Arbeitsmarktes für Absolventen einschlägiger Studiengänge ein theoriefeindlicher Praktizismus, der Redaktionsalltag simuliert und damit Medienbetrieben fertige Journalisten anbietet, die als *fast thinker* den Blick für größere Entwicklungen gar nicht erst bekommen haben – wie auch, wenn auf jeden Kopf ein ganzes Universum kommt und das Bewusstsein von Geschichtlichkeit biographisch wie allgemein abnimmt. Es findet also eine doppelte Entakademisierung statt, deren sinnfälligster Ausdruck der Bolognaprozess geworden ist, der das Humboldtsche Bildungsideal verwirft und sich an den Verwertungsansprüchen der Universitäten von Mittelalter und Früher Neuzeit orientiert. Nicht von ungefähr hatten sich die Fächer ohne Legitimitationszwang (Medizin, Jura, Wirtschaft) der Studentenbewegung widersetzen können. Da die Vorbereitung auf den Beruf zur Kommunikationswissenschaft gehört, wird die Frage der Abwicklung vorerst nicht gestellt – das wird aber nicht so bleiben. Der Konstruktivismus wird als Autopoiese seiner

Protagonisten enden, der Anspruch einer Metatheorie wird wieder zugunsten Theorien mittlerer Reichweite aufgegeben werden müssen, so wie die Systemtheorie handelnde Subjekte wiederentdecken wird. Das dringende Ersuchen des Wissenschaftsrates, Grundlagenforschung zu betreiben[5], ist auch anhand des technischen Wandels, der empirische Ergebnisse schnell veralten lässt, zu begrüßen und zu befolgen. Ein Fach, dessen Bedeutung nicht offensichtlich ist, wird seine künftige Existenz begründen müssen und hat also ein Selbstverständnis zu entwickeln, von dem die Gesellschaft, die Beschreibung wie Gestaltung braucht, profitiert.

3 KRISE DES GEGENSTANDES

Hauptgegenstand der Kommunikationswissenschaft ist bis heute die Massenkommunikation. Masse, ein Begriff des sich industrialisierenden 19. Jahrhunderts, wurde lange als Empfänger medialer Produkte gedacht, die von wenigen hergestellt wurden, beeinflusst vom Grad der Professionalität und von politischen wie wirtschaftlichen Bedingungen.[6] Dabei wurden bestimmte Wirkungen unterstellt. Fachvertreter entwickelten Ideen, um erwünschte Wirkungen zu vertiefen, z.B. Weltrevolution, Herrenmenschentum, Humanität oder Konsumkritik. Dass Medien (auch?) zu Unterhaltungszwecken rezipiert wurden, blieb lange vernachlässigt, wird aber durch das leicht verfüg- und bedienbare Internet ein wichtiger Bestandteil künftiger Forschung sein müssen. Der Gesellschaft wurde dabei ein Komplexitätsniveau zugeschrieben, das eine gemeinsame Verständigung durch Kenntnisnahme verschiedener Gruppen und Interessen mittels weitreichender Medien nötig mache. Dies auch, weil andere Integrationsinstanzen wie Glaube, Familie, Klassen oder Bildungskanon an Kohäsionskraft einbüßten.[7] Zur Idee von wenigen Sendern und vielen Empfängern gehörte ein im frühen Liberalismus entwickeltes optimistisches Öffentlichkeitsmodell, wonach umfassendes Voneinanderwissen Veränderungen zum Besseren ermögliche.[8] Das ist für den Vorreiter der Pressefreiheit, die Vereinigten Staaten von Amerika, schon früh bestritten

---

5   Vgl. Wissenschaftsrat: Empfehlungen zur Weiterentwicklung der Kommunikations- und Medienwissenschaft, S. 75.

6   Vgl. Maletzke: Psychologie der Massenkommunikation, S. 32.

7   Ob dieser Prozess medial aufgefangener Individuation so stattgefunden hat oder nicht vielmehr eine romantisch entstandene rückwirkende Homogenisierung vorindustrieller Gesellschaft vorliegt, deren Mitglieder stärker als wir mit Daseinssicherung beschäftigt waren, aber auch Strategien zur Konformitätsverweigerung besaßen, kann hier nicht entschieden werden. Mainstream und Devianz sind jedenfalls geschichtliche Kontinuität, ebenso Freiheit und Unterjochung, Armut und Reichtum usw. Dass die seit der Französischen Revolution behauptete Umwandlung der Welt gewaltig sei, ist eben dies: eine Behauptung der Revolutionäre.

8   Idealtypisch herausgearbeitet von Habermas: Strukturwandel der Öffentlichkeit.

worden: Tocqueville bereits stellte fest, dass durch Meinungsvielfalt diese Meinungen einander aufheben können.[9]

Für das *World Wide Web*, vor allem seit seiner Öffnung für die Erscheinungen, die als *Web 2.0* klassifiziert werden, gilt diese Einschätzung besonders: Vereinfachter Marktzutritt erhöht die Produzentenzahl und senkt den Absatz gleichförmiger Produkte. Teilöffentlichkeiten erlauben es Individuen und Gesinnungskollektiven, nur noch sich selbst wahrzunehmen.[10] Die dem Internet bei seiner Erfindung zugeschriebenen emanzipatorischen Kräfte entpuppten sich als Illusion. Man findet zu fast allen Themen irgendetwas, kann die Relevanz aber nicht mehr abgleichen, es sei denn, es gibt Marken, die sich vor der Digitalisierung etabliert haben. Der Nutzer muss erhöhten Aufwand betreiben, um Qualität festzustellen, ein vielversprechender Ansatz dafür ist das *social bookmarking*. Wie schon bei der Erfindung des Buchdrucks gilt: Ein neues Medium allein bewirkt nichts, es ist nur so klug wie seine Produzenten und Nutzer (bzw. inzwischen *Prosumenten*, die beide Rollen ausüben). So können sich durch das Internet Handlungsspielräume sowohl vergrößern als auch verkleinern (zu Gunsten oder auf Kosten von Primärerfahrungen jenseits des Rechners). Es gibt zunehmend Befunde, wonach Onlinekommunikation einseitiger und pluralismusfeindlicher als Printkommunikation stattfinden kann.[11]

Dieser Hybridcharakter von Massen- und interpersoneller Kommunikation erschwert den wissenschaftlichen Zugang. Zum einen hat oft eine (biographisch begründete) Spezialisierung der Fachangehörigen stattgefunden, zum anderen wächst die Zahl an möglichen Erkenntnisgegenständen stündlich. Gleichzeitig zeigen Presse und Rundfunk zwar Krisenerscheinungen und stehen unter Reichweiten- und Werbedruck, bestehen aber in doch beachtlichem Ausmaß weiter, auch wenn ihr Untergang regelmäßig prognostiziert wird. Die Kommunikationswissenschaft täte gut daran, die klassischen Medien nicht aus dem Blick zu verlieren und, sollte das Konvergenzmedium Internet die herkömmlichen Informationsträger ablösen, deren Qualitätsstandards hinüberzuretten. Viel gescholtene medienpädagogische Elemente gilt es zu integrieren, zumindest solange, wie Onlinemedien hochwertige Texte aus den Printausgaben beziehen, Klicks aber mit Bildergalerien, undurchdachten Schnellschüssen oder Klamauk erzielen.[12]

4 KRISE DER FACHÖFFENTLICHKEIT

So ist die Bedrohung der Kommunikationswissenschaft weniger durch die Inhalte als durch den flüchtigen Charakter des Internets gegeben, der dem bisherigen

---

9   Vgl. Tocqueville: Über die Demokratie in Amerika, S. 209.
10 Eine solche Abschottung kann unter Integrationsgesichtspunkten auch funktional sein: Manche Meinungsäußerungen z.B. ethnischer oder ethischer Minderheiten würde der Mainstream dann doch nicht so genau kennen wollen.
11 Vgl. Gerhards/Schäfer: „Demokratische Internetöffentlichkeit?", S. 224.
12 Vgl. Niggemeier: „Bitte hier klicken!".

Wissenschaftsbetrieb und -verständnis zuwiderläuft. Wissenschaft fordert Gültigkeit und Nachweisbarkeit ihrer Ergebnisse. Dabei umfasst Gültigkeit nicht nur den Zeitraum der Erhebung, auch darüber hinaus sollen die Ergebnisse über den Tag hinaus Relevanz haben. Das ist durch die Geschwindigkeit des Mediums nicht mehr gewährleistet – aus Gegenwartsbeschreibung wird Mediengeschichte. Die Fähigkeit, Trends oder gar langfristige Entwicklungen zu antizipieren, geht so verloren. Methodische Schwierigkeiten treten hinzu: Befriedigende inhaltsanalytische Instrumente für Onlineinhalte gibt es bislang nicht. Quantitative Inhaltsanalysen sind für Presse noch bequem handhabbar, schon für Radio und Fernsehen braucht es einen erheblichen organisatorischen Aufwand, Websites können nicht mit allen möglichen Verlinkungen – das wären tendenziell alle möglichen Seiten – analysiert werden.

Schwerer wiegt die geringe Nachprüfbarkeit des Corpus durch Dritte, aus der sich Diskussionen entwickeln könnten. Viele der in Publikationen verzeichneten Links funktionieren nicht mehr oder zeigen inzwischen anderes, als seinerzeit berücksichtigt worden ist. Da nützt auch die Nennung der Zugriffszeit wenig.[13] Eine öffentlich zugängliche digitale Archivierung von Websites scheidet überdies aus urheberrechtlichen Gründen aus, was also in Archiven der Betreiber bleibt, darüber entscheiden diese, Verluste sind programmiert. So ist z.B. kein visuelles Beispiel der ersten Website des „Spiegel" erhalten.[14] Selbst wenn es juristisch und technisch möglich sein sollte, Websites[15] dauerhaft zu speichern, die Frage generationenübergreifender Datenmigration bleibt ungelöst, auf absehbare Zeit wird der Mikrofilm seine Bedeutung behalten. Das gilt nicht nur für die Presse, sondern auch für das filmische Erbe, dessen digitale Speicherung zehnmal teurer und kurzlebiger ist als das analoge Verfahren[16] – das überdies, anders als vom Wissenschaftsrat behauptet, auch noch nicht umfassend praktiziert wird. Digitalisierung wird gefordert, der Widerspruch zwischen vorhandener Benutzerfreundlichkeit und Haltbarkeit aber nicht gelöst.[17] Wissenschaftliche Bibliotheken speichern, häufig kaum wahrgenommen, Hochschulschriften im PDF-Format. Wie lange wird das Standard sein? Zumal alle elektronischen Medien Elektrizität benötigen, von der wir nicht wissen, zu welchen Konditionen sie künftig verfügbar sein wird. Es

---

13 Eine 2003 am Institut für Journalistik der Universität Dortmund vorgelegte Diplomarbeit (Buchkremer/Klement: Bleibt alles anders?) nennt im Literaturverzeichnis 18 Links. Von diesen zeigen (Stand Juli 2008) noch sechs die zitierten Inhalte, die übrigen zwölf bieten Fehlermeldungen oder anderes. Das ist der Stand nach fünf Jahren. Wie wird er in weiteren fünf, 50 oder 500 Jahren aussehen?

14 Vgl. Foerster: „Web 0.2".

15 Die für Benutzer meist kostenpflichtige Onlinearchivierung einzelner Artikel sagt nichts über die seinerzeitige Platzierung aus – der Kontext fehlt und auch das analog mögliche Finden von Inhalten, nach denen man sprachlich nicht gesucht hat.

16 Vgl. Handke: „700 Jahre. Das Filmerbe sichern", Schenk: „Verblichene Visionen".

17 Vgl. Wissenschaftsrat: Empfehlungen zur Weiterentwicklung der Kommunikations- und Medienwissenschaften, S. 53-56, 99-106.

soll hier nicht in Alarmismus verfallen werden, aber käme es zu einem Kulturbruch wie in der Völkerwanderungszeit, wäre die geistige Produktion des 3. Jahrtausends verloren.

Die Frage von Zugang und Haltbarkeit wird auch die Fachöffentlichkeit selbst betreffen. Onlinepublikationen nehmen zu, senken aber die durch nötige Druckkostenzuschüsse gegebene Schwelle. Auch hier wird es schwieriger, Relevantes von Unnötigem zu unterscheiden. Sollten die einschlägigen Verlage auf *print-on-demand*-Verfahren umstellen (was teilweise bereits praktiziert wird), kann das Qualitätskriterium Verlag (das durch den Abbau von Lektorenstellen ohnehin gelitten hat) wegfallen. Dass Verhaltenskodizes verbreitet werden, weist überdies auf weitverbreiteten Plagiarismus[18] hin, zu dem sich, besonders unter Studierenden, eine gewisse Abneigung nichtdigitaler Literatur gegenüber gesellt. Ohne verbindliche Qualitätskriterien können neue Publikationsformen die Gelehrtenrepublik nicht befruchten[19], *Open Access* ohne Evaluation wäre nur eine Übertragung des medialen Überangebots in die Wissenschaft, die eben auch Rezipienten kennen muss, sofern nicht nur für den Nachweis in möglichst langen Publikationslisten geschrieben werden soll.

5 FAZIT

Öffentlichkeit als liberales Konzept des 19. Jahrhunderts sprach sich lange gegen Demokratisierung aus: Diese führe zu einer intellektuellen Verflachung.[20] Die Schwerpunkte der Nutzung des *World Wide Web* erneuern diese Skepsis, was die Kommunikationswissenschaft zwingt, sich vermehrt Inhalten und Techniken zuzuwenden, die früher als trivial oder im Verblendungszusammenhang betrachtet wurden. Eine solche Hinwendung zum tatsächlich Rezipierten wird konstruktivistische Spekulationen abstellen und danach fragen müssen, wie professionelle fiktionale und nichtfiktionale Angebote beschaffen sein müssen, immer mit Rückbezug auf politische und wirtschaftliche Gegebenheiten.

Durch die Etablierung des Internets als Recherchequelle wie als Publikationskanal wandelt sich auch die wissenschaftliche Öffentlichkeit. Standen lange gedruckte Aufsätze und Bücher im Vordergrund, nehmen mittlerweile online zugängliche Veröffentlichungen zu. Dies stellt sowohl Gelehrtenrepublik als auch Bi-

---

18 Vgl. Weber: Das Google-Copy-Paste-Syndrom.

19 Vgl. Andermann/Degkwitz: „Zirkulation wissenschaftlicher Information in elektronischen Räumen."

20 Bereits Tocquevilles Werk durchzieht dieser Befund, was im deutschen Liberalismus den Bildungsauftrag der Öffentlichkeit hervorstechen ließ, wodurch implizit bildungsferne Schichten ausgeschlossen wurden. Während und nach der Märzrevolution grenzten sich bürgerliche und proletarische Öffentlichkeit voneinander ab. Nach bürgerlichem Verständnis braucht das Prinzip Öffentlichkeit nicht die Partizipation aller (z.B. Arbeiter, Frauen). Im meinungsprägenden Staats-Lexikon hieß es: „Diese vollkommene Öffentlichkeit ist jetzt der überreiche Ersatz der demokratischen Volkssouveränetät" (Bd. 10, Stichwort „Öffentlichkeit", S. 755).

bliothekswesen vor neue Herausforderungen. Kosten für E-Zeitschriften steigen, Open-Access-Ansätze verursachen Probleme in Bezug auf Qualitätssicherung, Urheberrecht und Plagiarismus. Ungeklärt sind langfristige Datenmigration und Blaupausen für eine möglicherweise nichtelektronische Zukunft. Auch das Rezensionswesen befindet sich im Umbruch, weil seine Abläufe dem Produktionsdruck hinterherhinken.

Dieses Tempo sorgt für geringe Haltbarkeit wissenschaftlicher Erkenntnisse, die darum schnell medienhistorisch werden. Zudem wird die theoretisch geforderte intersubjektive Nachprüfbarkeit einer der zentralen kommunikationswissenschaftlichen Methoden, der Inhaltsanalyse, im Fall der Untersuchung von Websites durch deren rasanten Umbau erheblich beeinträchtigt, auch unter dem Eindruck zunehmender Visualisierung, die neue theoretische Zugänge jenseits der Schriftlichkeit erforderlich macht.

Dabei muss der Gefahr begegnet werden, analoge Überlieferung zu vernachlässigen, wie es bereits bei Studierenden zu beobachten ist. Die Ansicht, was sich über Suchmaschinen und Wikis nicht finden lasse, existiere nicht, bedroht die Qualität der Hochschulausbildung und der wissenschaftlichen Techniken – was gilt, solange die Digitalisierung von Textzeugnissen nicht abgeschlossen ist. Diese aber steckt noch in den Anfängen: Es gibt ein enormes Gefälle zwischen Nutzererwartungen und tatsächlicher Verfügbarkeit. Die Retrodigitalisierung von Medieninhalten ist noch immer die Ausnahme. Schließlich laufen nicht digitalisierte oder wenigstens digital erfasste Werke Gefahr, nicht mehr wahrgenommen zu werden, was unter anderem Archivalien und mikroverfilmte Printerzeugnisse betrifft (mit der deutschen Besonderheit einer langen Verwendung der Fraktur).

Anpassungsstrategien machen Wissenschaften in Umbruchszeiten aus. So werden (u.a.) stärkere Empirisierung und eine kulturwissenschaftliche Öffnung empfohlen.[21] Andererseits wird der „Abschied vom Methodenideal einer ‚sozialen Naturwissenschaft' und eine inhaltliche Entgrenzung"[22] gefordert. Ich sehe die Gefahr, dass sich unsere Disziplin im gegenwärtigen Journalismus ein schlechtes Vorbild sucht, indem sie in den Geschwindigkeitswettbewerb eintritt, wie vor dem Siegeszug des Internets über das Fernsehen gesagt worden ist:

> Die technischen Neuerungen der jüngsten Dekade führten dazu, daß Aktualität fast zur Gleichzeitigkeit zwischen Ereignis und Berichterstattung wurde [...] Die Überbewertung der Aktualität im Wettbewerb des Journalismus hat Nachteile. Sie verhindert die gründliche Nachrecherche und die Verifizierung von Fakten.[23]

Dies gilt für Wissenschaft in besonderem Maße, zumal viel dafür spricht, dass sich der Medienwandel „durchaus mit Hilfe eines kommunikationswissenschaftlich dif-

---

21 Vgl. Grimm: „Krise der Kommunikationswissenschaft", S. 14.
22 Karmasin: „Was ist neu an der neuen Kommunikationswissenschaft?", S. 55.
23 Koszyk: Kommunikationswissenschaft und Massenkommunikation, S. 25-26.

ferenzierten, anhand der ‚alten' Medien entwickelten Medienbegriffs verstehen"[24] lässt. Daher sollte das Fach Mut haben, keinen vermeintlich neuen Erscheinungen analytisch nachzujagen, sondern nach eher grundsätzlichen Entwicklungen zu fragen, die lange vernachlässigte Mediengeschichte wiederzuentdecken, begriffliche Arbeit zu leisten, Kanonisierungsbemühungen zu intensivieren und sich dafür einzusetzen, dass die bislang nicht befriedigend gelöste Frage nach der Überlieferung interpersoneller wie massenkommunikativer Produkte nicht länger allein von der Bibliothekswissenschaft (nicht) beantwortet wird. Eine solche Pause erlaubt dann auch eine schärfere Beobachtung des Gegenstandes Internet, das in der Rückschau zu den überschätzten Phänomenen unserer Zeit zählen könnte – denn auch virtuelle Kommunikation setzt außermediale Realität voraus.

LITERATURVERZEICHNIS

Andermann, Heike/Degkwitz, Andreas: „Zirkulation wissenschaftlicher Information in elektronischen Räumen", in: Hofmann, Jeanette (Hrsg.): Wissen und Eigentum. Geschichte, Recht und Ökonomie stoffloser Güter, Bonn 2006, S. 221-240.

Averbeck, Stefanie: Kommunikation als Prozeß. Soziologische Perspektiven in der Kommunikationswissenschaft 1927-1934, Münster 1999.

Beck, Klaus: „Neue Medien – neue Theorien? Klassische Kommunikations- und Medienkonzepte im Umbruch", in: Löffelholz, Martin/Quandt, Thorsten (Hrsg.): Die neue Kommunikationswissenschaft. Theorien, Themen und Berufsfelder im Internet-Zeitalter. Eine Einführung, Wiesbaden 2003, S. 71-87.

Buchkremer, Jens/Klement, Alexander: Bleibt alles anders? Journalismus im Internet. Universität Dortmund, 2003 (Diplomarbeit).

Foerster, Uly: „Web 0.2: Die Anfänge des Online-Journalismus. Wie der ‚Spiegel' 1993 und 1994 ins Netz startete", in: Journalistik Journal, Jg. 10, Nr. 1, 2007, S. 10-13.

Gerhards, Jürgen/Schäfer, Mike S.: „Demokratische Internet-Öffentlichkeit? Ein Vergleich der öffentlichen Kommunikation im Internet und in den Printmedien am Beispiel der Humangenomforschung", in: Publizistik, Jg. 52, Nr. 2, 2007, S. 210-228.

Grimm, Jürgen: „Krise der Kommunikationswissenschaft – Folgerungen für die Kommunikationswissenschaft", in: Medienjournal, „Kontinuitäten und Diskontinuitäten der Kommunikationsforschung", Jg. 28, Nr. 3, 2004, S. 4-17.

Habermas, Jürgen: Strukturwandel der Öffentlichkeit. Untersuchungen zu einer Kategorie der bürgerlichen Gesellschaft, Neuwied und Berlin 1962.

Handke, Sebastian: „700 Jahre. Das Filmerbe sichern: Was Experten empfehlen", in: Der Tagesspiegel, 20. Juni 2008, S. 21.

---

[24] Beck: „Neue Medien – neue Theorien?", S. 85.

Karmasin, Matthias: „Was ist neu an der neuen Kommunikationswissenschaft?", in: Löffelholz, Martin/Quandt, Thorsten (Hrsg.): Die neue Kommunikationswissenschaft. Theorien, Themen und Berufsfelder im Internet-Zeitalter. Eine Einführung, Wiesbaden 2003, S. 49-57.

Koszyk, Kurt: Kommunikationswissenschaft und Massenkommunikation. Düsseldorfer medienwissenschaftliche Vorträge, hrsg. von Hans Süssmuth, Bonn 1997.

Maletzke, Gerhard: Psychologie der Massenkommunikation, Hamburg 1963.

Merten, Klaus: Einführung in die Kommunikationswissenschaft. Bd. 1/1: Grundlagen der Kommunikationswissenschaft, Münster 1999.

Niggemeier, Stefan: „Bitte hier klicken! Sollen wir die schönsten Zahlen zwischen 1 und 10.000 bringen? Oder hundert Bauchnabel? Wie der Online-Journalismus seine Autorität verspielt", in: Frankfurter Allgemeine Sonntagszeitung, 13. Juli 2008, S. 31.

Schenk, Ralf: „Verblichene Visionen. Erstmals gab es im Bundestag eine Anhörung zum Filmerbe", in: Berliner Zeitung, 20. Juni 2008, S. 27.

Silbermann, Alphons: „Marotten der Massenmedienforschung", in: ders.: Positionen und Provokationen zur Massenkommunikation und Kunstsoziologie. Aufsätze und Abhandlungen aus vier Jahrzehnten. Bochumer Studien zur Publizistik- und Kommunikationswissenschaft, Bd. 60, Bochum 1989, S. 236-249 [zuerst u.d.T. Schwächen und Marotten der Massenmedienforschung, in: Kölner Zeitschrift für Soziologie und Sozialpsychologie, Jg. 24, 1972, S. 118-131].

Staats-Lexikon. Enzyklopädie der sämmtlichen Staatswissenschaften, hrsg. v. Karl Welcker und Karl von Rotteck, 14 Bde., Leipzig ³1856-1866.

Tocqueville, Alexis de: Über die Demokratie in Amerika. Erster Teil. Werke und Briefe [1836], Bd. 1, hrsg. von Jacob P. Mayer u.a., Stuttgart 1959.

Weber, Stefan: Das Google-Copy-Paste-Syndrom. Wie Netzplagiate Ausbildung und Wissen gefährden, Hannover 2007.

Wissenschaftsrat: Empfehlungen zur Weiterentwicklung der Kommunikations- und Medienwissenschaften in Deutschland. Drucksache 7901-07, Oldenburg, 25. Mai 2007, http://www.wissenschaftsrat.de/texte/7901-07.pdf, 18.08.2008.

FOKUS MEDIENUMBRÜCHE

ÖFFENTLICHKEIT(EN)

NAVIGATIONEN

HULA HOOP OR CONTRACEPTIVE PILL?
Misunderstanding the Nature of the Social Impact of Technology

BY BRIAN WINSTON

Obviously, the contrast between Hula hoops and contraceptive pills is an absurd one since the one, Hula hoops, was for its sudden vogue merely a leisure fad – a brief summer shower over the terrain of Western culture – whereas the contraceptive pill, speaking as it does to a most basic human function, has had, arguably, a most profound effect on our society. Nevertheless, the Hula fad half a century ago is resonant with current rhetorics surrounding new media. Introduced in 1957, 25 million hoops flew off the shelves in a mere 4 months and by the time the fad had passed two years later well over 100 million, more than one for every American, were sold. The young entrepreneurs, Richard Kerr and Arthur 'Spud' Merlin, owners of the Wham-O manufacturing company of California, made $45 million. In 1959, they came up with the Frisbee. In 2006 Wham-O was sold for $80m – to the Chinese – and one can still buy Hula hoops should one be so inclined.

Leaving aside entertaining parallels with contemporary booms and busts, I want to use this example to draw attention to the difficulty of evaluating the transformative effects of social phenomena, including the impact of technology. What I would like to suggest is that the distinction between Hula hoop fads and real societal change is not always so easily drawn as it might seem, especially where the technologies of communication are concerned. Assessing technological impacts and potentials is difficult, and no field reveals this more clearly than does the media. And there is a pronounced tendency, in the academy, industry and the market place, simply to assume that because a technology can provide something, it inevitably will be called upon to do so. The hyperbole that results from this is then, more often than not, grossly amplified by the media with the result, widely perceived and received, that we are in the midst of some species of technologically driven communication 'revolution' – at the level, in terms of its social impact, far closer to that of the contraceptive pill than that of the Hula hoop.

A good example is the the current hyperbole surrounding social networking sites on the internet like *MySpace*. This 'next generation portal' (as its founder Chris DeWolfe called it) attracted, in the US in its first three years, 54 million unique visitors, as teenagers used the site to organise their social lives.[1] In a manner reminiscent of the dot.com boom of the late 1990s, DeWolfe sold the business to Rupert Murdoch for close to half a billion Euros and the site has spawned a number of copies – *Facebook*, initially popular with British students, or *Bebo*, popular

---

1   Gibson: "The Man Who Put Teenagers' Lives Online", p. 5.

with schoolchildren, or this year's Marianne of the digital revolution, *YouTube*. The rock band *Arctic Monkeys* became stars as a result of word-of-mouth spread by their local fans on *MySpace* which by 2006 had some 2 million bands on the site. This, which DeWolfe calls a 'democratising effect', was being replicated with videos. Some 50,000 to 60,000 new videos per day were appearing on the site.

Clearly this sort of social networking site is a very significant development – or is it? Are *MySpace* and its successors and competitors really a transformative technology changing the social lives of us and our children in fundamental ways – or is it a passing fad with an impact easily contained within the established norms of our social sphere? Despite received opinion and the usual technicist litany, there is reason to consider it might be closer to the latter. Previous 'hot' social networking sites like *Friendster, Geocities,* or *Tripod* have rapidly gone the way of all flesh. Immediately after the sale to Rupert Murdoch, Billy Bragg, the radical British musician, pulled his material from the site because of *News International's* terms of trade. Suddenly *MySpace* had raised fees; and maybe 2 million bands are, at present, happy with the exposure, but will they remain so once people really start listening to them and Murdoch and *MySpace's* owners claim their shares – not unlike that taken by the despised record companies? Bragg suggests not.

Pace down-loading and file sharing, the emerging situation is unsurprisingly (except to technicist hyperbolists) a long way from *Napster* and the dream of 'free' music – a utopianist vision which never made clear how the artists creating this common good were ever going to make a living. The suppression of *Napster's* radical potential continues, piece-by-piece. Last year, an agreement was reached by which copyrighted music used by amateur content providers and others on *YouTube* will be recompensed by *Google*, *YouTube's* owners.[2]

The price of CDs, faced with this digital competition, has fallen – but there would have been many other ways of forcing the exploitative behaviour of the record companies into line without technology. Record companies were arguably operating a world-wide, and illegal, cartel and had been doing so from the time of the introduction of a mass market for recorded music before the First World War. The record majors are indeed in real trouble but 'file-sharing' is not a new threat. The very move to bring CDs to market in the early 1980s – putting together digital audio recording (which had been deployed for at least a decade in professional studios) and video laser disks (which had failed to replace videocassettes) – had as its supervening social necessity exactly that people were copying LPs onto audio cassettes. In the US, it was estimated that five copies were made of every LP sold.

Technology alone, it can be claimed, will not explain why the record companies survived at that time but are so fragile now. An answer lies in what can be described as the suppressed in this discourse – that is: the state of the product, the music. Popular music simply has not changed that much, *pace* hip-hop etc.,

---

2 Wray/Clark: "Music Stars Set to Reap YouTube Windfall", p. 7.

since *Bill Haley and the Comets* began plucking guitars; and that, like the Hula Hoop, was half a century ago.[3] It seems clear to me that, whatever the impact of current music distribution systems on the business – and it is clearly profound –, this impact alone is not the reason for the industry's malaise. After all, it is still making money and looking for ways of making more. Apple's *i-pod* may take a smaller share than the music industry traditionally did – but the music must still be bought. Whole digital downloaded disks, at least in the UK, cost around the same as CDs.[4]

"Oh you weary giants of flesh and steel" proclaimed *Grateful Dead* lyricist John Perry Barlow more than a decade ago, "I come from Cyberspace, the new home of the mind… I declare the global space we are building to be naturally independent of the tyrannies you seek to impose us."[5] But it seems that the giants are still very much around and this was (and is) so much twaddle ̄ even before the cynics amongst us begin to question the numbers that trip so lightly from the technicist tongues of cyberspace.

The internet is after all a world almost entirely without true independent audit – a striking example is internet advertising. When it comes to hard money (say, Murdoch's billions) and to usage – access or advertising fees –, there is talk about a medium of unimaginable power and influence. The dominant business model is search engine advertising which accounts for nearly 60% of UK web ad expenditure. This is followed, at just over 20%, by video and in-game advertising powered by the current popularity of *YouTube*. Ad revenues grew by 40% to some €2.6 billion in the UK in 2006. It was €3.5 billion last year, and further 35% growth – and this in a flat, indeed, falling advertising market.[6] The money is certainly changing hands but – is the internet really a medium of unimaginable power and influence?

The hype suggests cyberspace has already penetrated the world at such a level that vast expenditures of funds to buy and sell sites is justified according to established business models but as Andrew Odlyzko, head of digital technology centre at the University of Minnesota, points out, this world is a curious smoke and mirrors one.[7] A basic statistic informs us that in 2001 internet use was increasing at a four fold rate and would continue to do so through this decade. This figure was determined by a researcher, Dr. Larry Roberts, contacting 19 carriers and counting not actual usage but the nodes and the revenues these companies reported to him. These figures are self-reported and not externally audited. Moreover, the companies bound Dr. Roberts to non-disclosure agreements. Another

---

3   Allen: "Still waiting", p. 27.
4   Handysides: "CD or Download", p. 31.
5   Barlow: "A Declaration of the Independence of Cyberspace", http://homes.eff.org/~barlow/Declaration-Final.html.
6   Bulkley: "The Digital Persuaders", p. 1.
7   Lillington: "A Ninety Billion Dollar Mistake", p. 3.

graphic illustration of the dangers inherent in accepting untriangulated, unaudited usage figures is the fact that the figures of net advertising revenues just quoted come from a UK body called the *Internet Advertising Bureau*. Despite its name, the 'bureau' is it not an independent institution but an industry lobby group. I am not arguing that these or any other statistics relating to the net are mendacious. They are simply not externally verified.

The situation exactly reflects that of newspapers in the late 19th century when advertisers were asked to pay rates on the basis of circulation figures provided by the newspapers themselves. Eventually the advertisers revolted and demanded independent audits of circulation. The newspapers were forced into supplying circulation figures through independent 'bureaus' (which, it can be noted, they are nevertheless still capable of manipulating despite these watchdogs).[8]

The *Internet Advertising Bureau*, in any case, gives €2.6 billion as the 2006 UK internet advertising figure – some 11% of total advertising revenues, all media, up over 8 years from less than 1%. Conspicuously, even after this massive spurt more than 85% of British advertising is still *not* on the net, and under threat of depression money is getting tighter.[9] It seems to me a fair assumption that real competition in advertising with the older media is going to demand real 'bureaus' ere long – and a serious account of exactly how much independently verified click-through traffic from the search sites actually occurs.

According to another statistic, over Christmas 2006, there was a 40% increase in UK sales on the net. But as the base level was only 4% of UK retail, this represented a 1% increase of market share. In a civilisation whose main contemporary architectural expression is the shopping mall this is scarcely surprising. 4% of retail is not, for example, comparable with the highest historic levels achieved by mail order since it was introduced as a marketing technique in 1872. There is still a long way to go before e-commerce catches up with Sears Roebuck in its heyday.

The hype defence, somewhat battered after the late 90s dot.com fiasco, is that the rules of cyberspace are not those that governed 'the giants of flesh and steel' – but they are. Kodak, for example, is shrinking as film disappears and its century and a quarter dominance of the imaging industry disappears.[10] In 2004, it shed 15,000 jobs and 2000 more in 2006 – but, note that it took *Cisco* just 12 years for its business to shrink to the point where it let 8500 people go in 2002. *Nortel* posted the biggest loss to date in corporate history – $19.4 billion – that same year. And last month, *Eidos*, owners of the amazingly popular *Lara Croft* franchise, announced a hundred million euro loss and fired a quarter of its workforce.[11] But despite shrinking fast and also loosing money *Kodak*, which will be

---

8   Winston: Messages, p. 387
9   Cf. http://www.iabuk.net/en/1/searchresults.mxs?sp=2006+advertising.
10 Teather: "Kodak Pulls Shutter Down on its Past", p. 23.
11 Wray: "Last Chance Saloon for Lara Croft Creators", p. 39.

125 years old in 2009, in fact still had revenues of $1.5 billion from its traditional photographic business as well as nearly $2 billion from its digital activities.[12] The point is that when these firms old, like *Kodak* or the ill-managed *Polaroid* Corporation, or new, like *Cisco, Nortel* or *Eidos*, find themselves in difficulties, there is evidence of continuity in the operation of the market place, not a totally new economy manifesting itself. The old rules allow even the sustainability of *Microsoft* to become a subject of concern in some quarters, since it is threatened now by the end perhaps of shrink-wrapped software which could become as outdated as *Kodak*'s silver nitrate film.[13] Despite the hype, talk of a new economy sounds very much like Jehovah's Witnesses proclaiming the imminent arrival of Armageddon: it has not happened but technicists never desist from proclaiming its coming.

This is no denial of actual change; on the contrary, it is a mark of our civilisation that change is ceaseless. What I am asking is whether the pace of change and the nature of change is truly transformative or rather faddish? *MySpace* is again a case in point. Chris DeWolfe was reported as saying "Rupert is a very smart guy. He reinvented the newspaper industry. They said a fourth TV network would never work and he did it. He's got a really good gut feeling when it comes to media"[14]. Being complementary to somebody who has presented you with a cheque for nearly half-a-billion euros is probably not surprising, but there is more to this statement. Murdoch did not 'reinvent the newspaper industry'. His much-vaunted destruction of the British print unions in the 1980s has not in any way halted the inexorable decline of UK newspaper readership – popular tabloid newspaper readership – at all. Total circulation of the British national dailies prior to Murdoch's attack had been shrinking – two million copies a day lost between 1950 and 1970. By 1975, just over 14 million copies were being sold. National ‚Sundays' sales had shrunk by a third in the same period; local papers by a fifth. After his supposed 'reinvention', circulations were at best barely stabilised and British tabloid sales still declined by 8%. Overall the UK national daily figure is 20% down since 1990.[15] Moreover, the fourth US TV network was never denied as a possibility but Dumont, which held this position, was deliberately killed in the post-World War II period by the Federal Communication Commission at the behest of the radio networks uncertain of their television future. Fox TV is in fact founded on the remains of the Mutual Network which was an alternative to Dumont. In other words, the fourth network has always been there, its growth stunted by external forces which were neutered for Fox.

Anyway, Murdoch came to this terrestrial solution after several heavy blunders in the field of new media. In the 1980s in the US he repeatedly announced and then delayed a satellite service and, lacking the support of a Mrs Thatcher ea-

---

12 Anon.: "Slumping Film Sales Leave Kodak Figures Deep in Red", p. 23.
13 Markoff: "A Mold at Microsoft Starts to Show Cracks", p.13.
14 Gibson: "The Man Who Put Teenagers' Lives Online", p. 5.
15 Winston: Messages, p. 386.

ger to cut the BBC to size (the secret of his British satellite success), he gave up to create Fox, a traditional US terrestrial television network, instead. His other attempts to exploit new media have scarcely been more successful.[16] What is really interesting about DeWolfe's view of Murdoch is that he heaps praise on the man as a visionary not because of Murdoch's exploitation of the new but because of his success with the old – which DeWolfe then misreads, not knowing much of the history of these media.

Indeed, not knowing history is critical to the technological determinist view of the world. This view, the dominant one and the source of all 'revolutionary' hyperbole is crucially based on a history written by an amnesiac. There are two basic views in play here – the dominant technicist one and another which priviliges the social over the technological and can be called 'the social shaping of technology'(SST, for short), or 'the social construction of technology' view. Of technicism, Raymond Williams, the leading pioneering British anti-technicist, elegantly suggested that:

> The basic assumption of technological determinism is that a new technology – a printing press or a communications satellite – 'emerges' from technical study and experiment. It then changes the society or the sector into which it has emerged. We adapt to it, because it is the new modern way.[17]

Therefore, technological determinism

> is an immensely powerful and now largely orthodox view of the nature of social change. New technologies are discovered, by an essentially internal process of research and development, which then sets the conditions of social change and progress. Progress, in particular, is the history of these inventions, which 'created the modern world'. The effects of the technologies, whether direct or indirect, foreseen or unforeseen, are, as it were, the rest of history.[18]

It can be argued that technological determinism has achieved its hold over the Western mind exactly because it meshes fundamentally with the Western mindset, notably the deep-seated concept of progress. The underlying driver is the concept of forward motion, seeking spiritual perfectionism, teleologically prefiguring the last days of the Rapture. It is but a short step hence, although one which was to take many centuries to emerge, for this to become individualised and then transformed into a demand for freedom of conscience in matters of Christian faith. This religious demand was comparatively swiftly echoed in a parallel de-

---

16 Winston: Media Technology and Society, p.302.
17 Williams: The Politics of Modernism, p.120.
18 Williams: Television, p. 13.

mand for secular individual autonomy and politicised as a social contract which conceived of society as individuals contracting with each other to create a social sphere in which to function. By the 18th century, Christianity's promise of human perfectibility had thus acquired a materialist cast. The Enlightenment view was that the human race, now "emancipated from its shackles released from the empire of fate" was "advancing with a firm and sure step along the path of truth, virtue and happiness"[19], as Concordet put it.

Crucial here is the image of humanity's 'advance'. In the 19th century, technology became an autonomous fundamental driver within the social sphere and the bridge from Christian ideas to a technologised vision of progress was completed. The idea of progress exactly echoes Williams's characterisation of the technological determinist vision as an unstoppable flow of emerging technologies moulding the structures of society. This reflection is not, it must be noted, dependent on sharing Concordet's optimism about the end result of this advance; humanity could just as easily be rushing towards an abyss. New technology might be positioned as an engine facilitating 'truth, virtue and happiness'; or it could bring exactly the reverse results.

However, as I hope I have been indicating, a central difficulty with technicist accounts is that they do not entirely explain the phenomena with which they deal but instead indulge in sustained hyperbole. The tendency to ahistoricism is well illustrated by the current insistence on a 'digital revolution' in general. This technology is now, at a minimum, in its sixth decade of development, the first device to encode an electronic signal digitally having been built in 1938.[20] In turn, that device relied on mathematical calculations as to sampling rates that had been theoretically determined a decade earlier. The digital devices, including the computer, that were to suffuse the market in the last quarter of the 20th century, relied on solid state electronics which were not 'invented' (as is commonly believed) at the Bell Labs in 1948 but go back to experiments with semi-conductors in 1879. Cats' whiskers radios were the first solid-state technology to be widely diffused from the 1920s on.[21] This is why technicist accounts, in so far as they are necessarily historical – else how can 'revolutionary' impact, for example, be established – tend all too often to be histories written by amnesiacs.

As a response, in the specific area of media technological history, there has been a move over recent decades towards a second, less popularly understood approach that, in essence, denies technology as the driver of social change. Instead, society is conceived of as the major factor determining the technological agenda and conditioning the diffusion of the technologies it produces. This SST approach seeks to place the work of the technologist within the broader social sphere suggesting that the technological agenda is influenced by social needs and

---

19   Condorcet: Sketch, p. 201.
20   Winston: Media Technology and Society, pp. 133ff.
21   Ibid., pp. 208ff.

that the successful diffusion of any given technology depends on its social acceptability, its 'fit', as it were. As it denies technology a determining role in society, it tends to be less judgemental as to technology's effects, seeing them rather as consequences of other social factors.

SST's antecedents lie with the French Annaliste school of historians and date back to the 1920s. For example, Marc Bloch's classic essay on the diffusion of the watermill in Medieval Europe focuses on the social and legal structures pushing or inhibiting its introduction and says little about the technical knowledge leading to its development.[22] Fernand Braudel sees the history of technology in general as a struggle between forward social movement driven by human ingenuity and advancing knowledge and an oppositional force sustained by human inertia and conservatism. He identified these contrary forces as 'accelerators' and 'brakes' governing technological change in general:

> First the accelerator, then the brake: the history of technology seems to consist of both processes, sometimes in quick succession: it propels human life onward, gradually reaches new forms of equilibrium on higher levels than in the past, only to remain there for a long time, since technology often stagnates, or advances only imperceptibly between one 'revolution' or innovation and another.[23]

It is therefore the case in Braudel's view that, although science and technology are "uniting today to dominate the world, such unity depends necessarily upon the role played by present-day societies, which may encourage or restrain progress, today as in the past"[24]. What drove the changes we call the industrial revolution, changes which made the modern world, were grounded in the societal forces unleashed by early Western capitalism and the imperial expansion of Western nationalism. In other words, society always leads technology. This accounts for the fact that, for example, the industrial revolution, an entirely technology-based phenomenon, relied on no new technological knowledge. Explaining it is more effectively done by highlighting the social changes which facilitated the application of science and technology which had been, as it were, lying fallow.

From the SST standpoint, 'revolution' is clearly unlikely. Making society the prime determinate precludes it since it suggests a non-revolutionary 'fit' is an essential prerequisite if any media technology is to meet a social need. Again, this is not to argue against change but to insist that it be contextualised and its scope assessed.

It is also not to suggest that a multiplicity of smaller changes could not achieve a major evolutionary change. This is self-evident: 1900 is not 2000, 1850 is not 1950. The world is 'changed', is 'changing'. But what is significant among these

---

22   Bloch: "The Advent and Triumph of Watermills", pp. 136-138.
23   Braudel: Civilisation and Capitalism, p. 430.
24   Ibid.

changes? Separating the hoops from the pills, as I have been trying to show, is difficult, and finding tipping points turns out to be an exceptionally elusive business. We perceive the passing days but not the march of seconds.

So what about *MySpace, Facebook, YouTube, Second Life*– are they Hula hoops or contraceptive pills? The following considerations will not provide definite answers but only some suggestions.

Given the millions of web sites, there would appear to be a fundamental necessity to have search engines to access them; and such a need would, on common sense grounds, be of a different, more basic order than are the other social networking sites with their preponderance of self-generated, and indeed, self-centred content. In other words, the net will work without *Second Life* or *YouTube* but it would be of very much more limited use without *Google* etc. This is not, though, to say this necessity suspends the laws of the market. The search engine firms are susceptible to be overtaken by somebody with a better mousetrap, even as they themselves seem to threaten Microsoft. *Rex sedet in vertice, caveat ruinam* – is as true now as it ever was, except that capital protects its own so *ruina* can be a pretty comfortable place.

But that said, it is possible to see the supposed 'revolutionary' potential of the net being slowly challenged if not yet entirely suppressed. For example, we are engaged in an entirely typical legal struggle which is taking place on a number of fronts – from intellectual property to confidentiality to libel – in more than one country. This was a battle first seen with photography a century and a half ago and the hype which says cyberspace is above the rule of law is clearly absurd. Such struggles are always a prime marker of the operation of what I would characterise as a veritable 'law of the suppression of radical potential'. It is merely a question of time and, indeed, the application of the very same now threatening technologies as technologies of control. The deal between the music industry and *YouTube* of last year is an example for that. Last year, Viacom brought an action against *Google* for *YouTube*'s blatant copyright violations.[25] And so would I if I had the money: because this free availability of material – of my books, for example, on *Google Book* – might well thrill some theorists and be justified by smart corporate lawyers, but what it amounts to is that my royalties are being stolen. On the other hand, the BBC's plans for accessing its archive announced in 2003 five years later have still come to nothing. Not being of the thieving mindset of *Google* and being under threat of industrial action in ways *Google* is not, the BBC has yet to find a way round its obligations to pay those whose IP is embedding in the content – writers, artists, directors – their residuals.[26] One way or another, the brake hasn't hit the floor yet. It has though, elsewhere – in Iran or China, say. I suspect that *Google*, which four years ago was being censored by Beijing would be a little

---

25 Wachman: "Google's expansion", p. 5.
26 Hogge: "Auntie Gets it Wrong", p. 50.

less gung-ho about the brave new world than once it was.[27] Three years after the start of self-imposed censorship at Chinese behest, Sergey Brin, one of *Google*'s founders, publicly admitted that 'on a business level, that decision to censor .... was a net negative.' It was more than that – it was inevitable; in this opposition of technical capacity and social needs versus the suppression of radical potential, the 'law of the suppression of radical potential' could be seen at work.

Beyond such legal and other institutional factors, there is also the question of fashion to be considered. It is, as already indicated, possible to suggest that in the music business the environment has utterly changed and that an artist's popularity can be measured in months – everybody will be famous for 15 minutes. But this is true only of the music business and phenomena such as the 'stardom' of reality television participants. With other forms of creativity, careers, as ever, can be of long, or certainly longer, duration. And, maybe, it would not be true of music either if another Rolling Stones, or Frank Sinatra were to emerge.

But perhaps this '15 minutes of fame' is also true of these much hyped non-search engine social network sites. *Facebook*, for example, suffered in January of this year its first visitor decline, of 5% to 8.5 million hits. Of course, it has grown 712% over the year and 9% over the last three months of last year and this decline could be seasonal. Or it could not. *Microsoft* has taken a minority stake and told *Facebook* users they would be reselling their net usuage data[28] which in Germany, apparently, has been held by the courts to be illegal as on-line behaviour is deemed a constitutionally-protected 'expression of personality'[29].

Anyway, *Facebook* is full of politicians and corporations as well as a large number of ordinary people. Everybody is to be found on *Facebook* – so how cool can that be? Will it endure or will it share the fate of the 'Crazy Frog' ringtone, which was worth a reported €360 million in 2005 – and is hardly remembered today?[30] Clearly this last is a case more Hula hoop than contraceptive pill – and who is to say this is not also true of the social networking sites? The point is that a certain cynicism is crucial in this area. For example, gist to the mill of the argument about *Facebook* – that social sites might belong more to the category of the hoop than that of the pill – is the following. The story comes from *The Times* of London, a newspaper owned by a certain Rudolph Murdoch who, as already mentioned, spent around ½ billion Euros a short time ago on *MySpace*. *MySpace* has 5 million users to *Facebook*'s (that is, in part, *Microsoft*'s) 8 million. As a general rule, trusting the Murdoch press reporting any rival media activity is about as sensible as spending billions on acquiring websites, mobile telephone licenses or ringtone companies – or buying the Brooklyn Bridge from some guy in a bar.

---

27 Anon.: "China Blocking Google Says Watchdog", p. 4; Watts: "Microsoft Helps China to Censor Bloggers", p. 12.

28 Sherwin: "Web Socialities Succumb to 'Facebook' fatigue", p. 10.

29 Hogge: "Digital Spying", p. 52.

30 Webb: "Hanging Up on Ringtones", p. 1.

Given no younger sibling after a certain age would be seen dead doing what their elder brothers or sisters do, it seems to me that betting billions on the sustainability of youthful enthusiasms, which, I suspect, is what the social networking sites are essentially about, seems none too sensible. When considering the impact of new media technologies, the case for preferring SST 'thick descriptions' (Geertz) over monocausal, unidimensional technicist ones is clear. SST descriptions seek to avoid the hyperbolic (that is, seeing 'revolution' all around) better to understand the dangers of synechdoche (that is taking an advance in one part of a system as a change of the whole system) and better to finesse causality (that is, by recovering full histories and multiple contexts).

But all this does not mean that SST accounts cannot be improved. For one thing, they are, unhealthily eurocentric (and this includes the arguments developed here). For another, a media technology can, and it would seem does, have differential effects beyond simply what happens in the West and what happens elsewhere. Even within the West, impacts can differ by group, by age, by gender, by class and so on. And, finally, SST is no better in the final analysis than technicism when dealing with the vexed matter of determining tipping points.

What can be done about this? I don't know but here's a tip: if you are one of the millions of bands on the social sites, which Odlyzko calls ‚the citizens band radio of the '90s', my advice is to ring Rowan on 44-207-490-4338 in London. He's the commercial director of a company called *Naked Penguin Boy* and he is a 'webraider'. For a few thousand Euros he and his operatives will pretend to be your band's biggest fans. They'll start the word of mouth you are going to need if you want to be an overnight star supposedly completely created by the new media. He's your best bet – but do it quick because we've just started to talk about making him and all his competitors illegal.

REFERENCES

Allen, Katie: "Still Waiting: Record Labels Long for Digital to Rescue Dwindling Sales", in: The Guardian, Financial Section, 18 January (2007), p. 27.

Anon.: "Slumping Film Sales Leave Kodak Figures Deep in Red", in: The Guardian, 2 August (2006), p. 23.

Anon.: "China Blocking Google Says Watchdog", in: i-Tech, 2 December (2004), p. 4.

Barlow, John Perry: "A Declaration of the Independence of Cyberspace", http://homes.eff.org/~barlow/Declaration-Final.html, 14.08.2008.

Bloch, Marc: "The Advent and Triumph of the Watermills" (1935), in: Land and Work in Medieval Europe, Berkeley, CA 1967, pp. 136-168.

Braudel, Fernand: Civilisation and Capitalism, 15th-18th Century: The Structure of Everyday Life. New York, NY 1981.

Bulkley, Kate: "The Digital Persuaders", in: The Media Guardian, Extra Section, 24 September (2007), p. 1.

Condorcet, Antoine Nicolas: Sketch for a Historical Picture of the Progress of the Human Mind (1795), London 1955.

Davos, Jane Martinson: "China Censorship Damaged US, Google Founders Admit", in: The Guardian, Financial Section, 27 January (2007), p. 38.

Gibson, Owen: "The Man Who Put Teenagers' Lives Online", in: The Media Guardian, 3 July (2006), p. 5.

Handysides, Tom: "CD or Download", in: The Guardian, Leaders and Replies, 7 June (2006), p. 31.

Hogge, Becky: "Digital Spying", in: New Statesman, 31 March (2008), p. 52.

Hogge, Becky: "Auntie Gets it Wrong", in: New Statesman, 2 April (2007), p. 43.

Lillington, Karlin: "A Ninety Billion Dollar Mistake", in: The Guardian Online, 23 August, (2001), p. 3.

Markoff, John: "A Mold at Microsoft Starts to Show Cracks", in: International Herald Tribune, 11 February (2008), p. 13.

Naughton, John: "Giants of Flesh and Steel Rear Ugly Head in Cyberspace", in: The Observer, Business Section, 12 December (2002), p.9.

Sherwin, Adam: "Web Socialities Succumb to 'Facebook Fatigue'", in: The Times online, 22 February (2008), p. 10.

Teather, David: "Kodak Pulls Shutter Down on its Own Past", in: The Guardian, Technology News and Features Section, 23 January (2004), p. 23.

Wachman, Richard: "Goggle's Expansion is Coming at a Price: It's Losing its Popularity", in: The Observer, Business & Media Section, 25 March (2007), p.5.

Watts, Jonathan: "Microsoft Helps China to Censor Bloggers", in: The Guardian, Technology News and Features Section, 15 June (2005), p. 12.

Webb, Adam: "Hanging Up on Ringtones", in: The Guardian, Technology News and Features Section, 28 June (2007), p. 1.

Williams, Raymond: The Politics of Modernism. New York, NY, 1989.

Williams, Raymond: Television: Technology and Cultural Form, London, 1974.

Winston, Brian: Messages: Free Expression, Media and the West from Gutenberg to Google, London 2005.

Winston, Brian: Media, Technology & Society. A History: From the Telegraph to the Internet, London 1998.

Wray, Richard: "Last Chance Saloon for Lara Croft Creator", in: The Guardian, Financial Section, 1 March (2008), p. 39.

Wray, Richard/Clark, Andrew: "Music Stars Set to Reap YouTube Windfall", in: The Guardian online, 30 August (2007), p. 7.

AUTORINNEN UND AUTOREN

Harald Bader ist wissenschaftlicher Mitarbeiter im Projekt *Mediale Integration ethnischer Minderheiten* im Kulturwissenschaftlichen Forschungskolleg SFB/FK 615 *Medienumbrüche* an der Universität Siegen. Er arbeitet an einer Dissertation zu russischsprachigen Medien in Deutschland.

Kristina Enders ist wissenschaftliche Mitarbeiterin im Projekt *Mediale Integration ethnischer Minderheiten* im Kulturwissenschaftlichen Forschungskolleg SFB/FK 615 *Medienumbrüche*.

Hannes Kunstreich ist Student der Kommunikationswissenschaft am Institut für Kommunikationswissenschaft der Westfälischen Wilhelms-Universität Münster.

Esra Küçük ist Studentin des deutsch-französischen Doppeldiplom-Studiengangs Politikwissenschaft mit Schwerpunkt Europastudien an der Westfälischen Wilhelms-Universität Münster und am Institut d'Etudes Politiques.

Annegret März ist wissenschaftliche Hilfskraft im Projekt *Protest- und Medienkulturen im Umbruch* im Kulturwissenschaftlichen Forschungskolleg SFB/FK 615 *Medienumbrüche* und promoviert zum Thema *Culture Jamming als Form politischen Protests und Partizipation*.

Daniel Müller ist wissenschaftlicher Mitarbeiter im Projekt *Mediale Integration ethnischer Minderheiten* im Kulturwissenschaftlichen Forschungskolleg SFB/FK 615 *Medienumbrüche* an der Universität Siegen. Er arbeitet an einer Habilitationsschrift zur Darstellung ethnischer Minderheiten in deutschen Medien.

Johanna Niesyto ist wissenschaftliche Mitarbeiterin im Projekt *Protest- und Medienkulturen im Umbruch* im Kulturwissenschaftlichen Forschungskolleg SFB/FK 615 *Medienumbrüche*. Im Rahmen ihrer Promotion setzt sie sich derzeit mit der Rolle von Konflikten bei der Europäisierung von Öffentlichkeit auseinander.

Horst Pöttker ist Professor am Institut für Journalistik der TU Dortmund und gemeinsam mit Rainer Geißler (Universität Siegen) Leiter des Projekts *Mediale Integration ethnischer Minderheiten* im Kulturwissenschaftlichen Forschungskolleg SFB/FK 615 *Medienumbrüche* an der Universität Siegen.

Verena Reuter ist wissenschaftliche Mitarbeiterin im Projekt *Mediale Integration ethnischer Minderheiten* im Kulturwissenschaftlichen Forschungskolleg SFB/FK 615 *Medienumbrüche*.

Sandra Stahl ist studentische Hilfskraft im Projekt *Mediale Integration ethnischer Minderheiten* des Kulturwissenschaftlichen Forschungskollegs SFB/FK 615 *Medienumbrüche*.

Christian Strippel ist Student der Kommunikationswissenschaft am Institut für Kommunikationswissenschaft der Westfälischen Wilhelms-Universität Münster.

AUTORINNEN UND AUTOREN

Brian Winston ist Professor im Department of Media and Humanities an der Lincoln University (UK). Er hat neben seiner akademischen Laufbahn, die ihn an die Universitäten Westminster, Cardiff, Pennsylvania State und New York führte, als Journalist und Dokumentarfilmer gearbeitet. Publikationen: Media Technology and Society, London 1998; Messages: Free Expression, Media and the West from Gutenberg to Google, London 2005.